黄天骥文集
Huang Tianji's Collection of Essays

读元散曲元明词随笔

黄天骥 著
Written By
Huang Tianji

南方传媒
SOUTHERN PUBLISHING & MEDIA
广东人民出版社
·广州·

图书在版编目（CIP）数据

读元散曲元明词随笔 / 黄天骥著. —广州：广东人民出版社，2022. 4
（黄天骥文集）
ISBN 978-7-218-13836-7

Ⅰ. ①读… Ⅱ. ①黄… Ⅲ. ①散曲—文学欣赏—中国—元代 ②词（文学）—诗歌欣赏—中国—元代 ③词（文学）—诗歌欣赏—中国—明代 Ⅳ. ①I207. 2

中国版本图书馆 CIP 数据核字（2019）第 196464 号

DU YUANSANQU YUANMINGCI SUIBI
读元散曲元明词随笔
黄天骥 著

出 版 人：肖风华

责任编辑：张贤明
装帧设计：张绮华
责任技编：吴彦斌 周星奎

出版发行：广东人民出版社
地　　址：广州市大沙头四马路 10 号（邮政编码：510102）
电　　话：（020）85716809（总编室）
传　　真：（020）85716872
网　　址：http://www. gdpph. com
印　　刷：广州市豪威彩色印务有限公司
开　　本：890mm × 1240mm 1/32
印　　张：13　　字　数：320 千
版　　次：2022 年 4 月第 1 版
印　　次：2022 年 4 月第 1 次印刷
定　　价：62. 00 元

前　言

我国是诗的国度，中国古代文坛，诗歌创作，一直长盛不衰。所谓“词”，所谓“散曲”，其实都是诗。换句话说，就形式而言，它们都是在“近体诗”基础上的发展和变体。

在元代，散曲成为创作的主流，而以“词”为创作体裁的作者也不少；在明代，则反过来，词的成就高于“曲”。在这里，我只谈谈自己对元散曲和元、明词的总体认识。

※　※　※

传统的诗歌创作，在形式上，有一定的格律要求，这和作为“汉藏语系”的汉语，有着密切的关系。无论是唐代的诗，还是宋代的词，每句字数和声调的平仄，都有所规定，以期有助于加强诗歌语言的音乐性。

诗和词的格律，首先都从民间的歌谣中产生。到了金元期间，民间又盛行“曲”的格律。“曲”和“词”的形式，有类似的地方，每句字数，也是根据乐曲旋律和节奏来安排，句子可长可短。而“曲”的格律，最具特色的是：它除了在每个乐句规定的字数之外，还可以让作者自由地加插“衬字”。这一来，便使“曲”在文学上，具有更生动活泼，更自由、更通俗、更明快的韵味。总之，它们在格律上，既有所继承，又有所发展。但无论在格律上有什么变化，其共同之处，是要突出汉语语言的音乐性，让诗歌的形式，充分表现出节奏美与和谐美。

首先，我们先谈谈元代的散曲 。

何谓“散曲”？就形式而言，它可在规定的旋律和节奏中，加插衬字，押韵也比较宽松。同时，它又吸收了散文不受限制和自由灵活的特点，因此，会呈现文字口语化、通俗化，以及曲体某些部分音节散漫化的状态。

其次，在创作手法上，与诗和词相比，元散曲更多采用铺陈、叙述的方式。这种方式，本来是散文最基本也最有效的功能。而由于散曲有着需要格律化的韵文与不需要格律化的散文相互结合的趋向，因此，它在语言上和写作手法上，显得比“近体诗”和“词”更活泼、更直观、更尖锐，也更通俗。

在元代，“曲”的诗歌形式能够广泛流行，并且涌现出许多高质量的作品，这是有深刻原因的。

在金元之际，中国北方和中原地区，当地的民歌和少数民族的曲调，十分美听。于是，人们便吸取少数民族的曲调、格律，结合汉族地区原来的曲调、民歌，加以适当的改造，便形成了中国传统诗歌的新品种——曲，成为继“唐诗”“宋词”之后，代表了一个时代文学成就特有的名词。它在中国诗歌发展史上，也占有重要的地位。

元曲的繁荣，也和元代的经济、政治情况，有着密切的关系。

在十三世纪中叶，成吉思汗统率蒙古铁骑，横扫欧亚两洲。其后，忽必烈灭了汉族政权的宋朝，成立了元朝，控制管治着整个中国。

元朝是中国历史上第一个由少数民族统治者建立的统一政权。在北方少数民族侵扰中原地区期间，人民流离失所，本来经济繁荣的地区，受到很大的破坏。在政治上，元朝的统治者奉行民族压迫政策，许多汉族知识子受到排挤。但同时，在文化上，由于各族人民逐渐沟通，文化上互相融合，取长补短，这又是元曲在中国文学史上，取得重要地位和具有独特风格的因素。

就文化而言，蒙古族接受了汉族文化。而由于人口的迁徙，交通的发达，民族的杂居，各族人民的友谊与日俱增，让许多出身于少数民族的诗人，也擅长以汉语进行文学创作。像贯云石（维吾尔族）、萨都剌（回族）、阿鲁威（蒙古族）、李直夫（蒙古族）等都写出了许多优秀的元散曲作品。而汉族人民，也感受到少数民族特有的质朴豪放的品性，喜爱少数民族独特的民风民俗，欣赏其乐曲旋律、节奏有鲜明的表现力。这一来，汉族的作家，开阔了视野和胸襟，在创作上也深受少数民族文化的影响。

可以说，元散曲，是元代中国各族人民，在诗歌创作的园圃里，共同培育的一簇奇花。

※　※　※

根据现存资料不完全统计，元代以“曲”来抒发感情的诗人，其著名者，有两百多位。他们驰骋才华，或描绘祖国山河的秀丽美好，或表现对爱情的追求，或对贫苦民众的生活表示同情，或发泄牢骚，不满官吏的统治和社会的黑暗。题材和作品的风格，也各式各样，丰富多彩。

和唐宋的诗人不同，由于元朝有相当长的时期中止了科举考试，中断了知识分子通过考试进入官场的道路，有些人被抛进了社会的底层，过着被当时认为低贱的生活。但是，他们并没有因此意志消沉，倒是在与下层人民紧密结合的过程中，改变了价值观，让作品呈现出新的面貌。这类作家，大多放荡不羁，而在这表象的背后，却蕴含着强烈追求摆脱封建礼教传统的生命意识。像元代最著名的剧作家兼诗人关汉卿，他的散曲【不伏老】，就是这类诗歌的代表。

【不伏老】这首散曲，可以说是关汉卿的自画像。在诗里，他夸张地从几个方面展示自己的才能和与众不同的生活方式，自豪地炫耀绝对不肯向任何人屈服的意志。在写作手法上，他一方面大量运用短促的节奏和汉语修辞“排比”的技巧，表现出铿锵有力、斩钉截铁的韵味；另一方面，他又加插大量“衬字”，让乐曲变为少见的长句，从而给人予长短结合、收放自如的感觉，这很能表现出他自由自在、不受拘束、无所顾忌的神情状态。

在元散曲中，有不少是描写中国风景的诗篇，像卢挚的《秋景》，写的就是中国南方一带秋天的景色：

挂绝壁枯松倒倚，/落残霞孤鹜齐飞。/ 四围不尽山，/一望无穷水。/ 散西风满天秋意，/夜静云帆月影低，/载我在潇湘画里。

卢挚这首散曲，写的是湖南省江河在秋末黄昏时候的风景。诗人的视点向远方扩展。放眼望去，山光水色，渺渺茫茫，让人心胸开阔。这时候西风送爽，满天凉意，给山山水水，散落了一片秋色，勾起了诗人寂静清爽的感受。在宁静的夜色里，诗人看到帆的影，月的影，看到高峻的山，苍老的松，看到天上飞过的云和雁。这又使他联想到宋代一幅《潇湘八景》的名画，感觉到自己也进入了图画之中，成了名画的一部分。这首曲，写的景色，明朗生动，流露出作者对祖国山河的热爱和舒畅的心情。

有些散曲，虽然也像卢挚那样写秋天的风景，但韵味却完全不同。像著名的作家马致远写的《秋思》：

枯藤老树昏鸦，/小桥流水人家，/古道西风瘦马。/夕阳西下，/断肠人在天涯。

这首曲，写的是一个孤独的旅行者在秋天看到的景色。诗的前面三句，写法很奇特，它叠用了九个名词。在句子中，名词与另一个名词直接衔接，中间没有动词作中介。这样的语法结构，在汉语中是少见的，但它却能让读者自己去发挥审美的能力，根据自己的体悟，去理解作者的所见所想。这种写作手法，就像电影中的蒙太奇镜头那样，通过不同画面的组接，启发观众联想画面以外的意味。在这首诗里，马致远没有告诉读者他在想什么，他只让人看到：在秋天的黄昏，乌鸦归巢，枯藤缠树。失去依托流落天涯的旅行者，面对着这样的景色，会是什么样的情怀？在远处，有小桥，有流水，村落上有人家，显得宁静温馨，这无家可归的旅客，又会有什么样的感触？再放眼望去，在古老苍凉的道路上，有一匹瘦骨嶙峋的马，踯躅行走。这三组各自独立的九个画面，在夕阳的映照下，又该会有什么样的韵味？这一切，作者让审美受体，根据自己的想象力和生活经验，去补充和构想完整的景象。诗中的九个画面，是实在的景；而实景与实景之间，没有介词，有的只是作者留出的一片空间。这空间，等于是空白，它是虚的，是审美主体给审美受体留下进行再创作的余地。至于这孤独的旅行者是谁，也没有说明，它只概括寂寞孤单的旅行者典型的感受。因此，马致远这首曲，虚实结合，很能展示中国诗歌创作的审美特点，也一直受到人们的喜爱。

爱情，是文学永恒的主题。元散曲里也有许多抒写爱情的作品，有些是写对恋人的思念，有些是写恋人分别时的痛苦。这类作品，一般都会写得凄楚哀怨，缠绵悱恻。但张可久的《闺思》，却从另一个角度写一位女性在刹那间的情感，很有趣味：

> 云松螺髻，/香温鸳被，/掩春闺一觉伤春睡。/柳花飞，/小琼姬，/一声“雪下呈祥瑞”。/团圆梦儿生唤起。/“谁？”/不做美。/“呸！”/却是你！

这是一幅少妇在闺房里生活的剪影。在春天，她的丈夫离开了，留在家里的她，很无聊，很倦怠，心里很空虚，于是关起房门来睡觉。在睡梦中，她也许见到了自己的丈夫。正在这时候，春天的柳絮飞舞，那小使女却以为是下雪了，欢呼起来，惊醒了少妇的好梦。曲的后面几句，写的是她被惊醒时的神态。她一肚子不高兴，便问：谁在吵嚷？稍一定神，发现原来是无知的小丫头。这充满戏剧性的细节，把一个思念丈夫孤单苦闷的少妇，既懊恼又无可奈何的心态，展现得栩栩如生，也充分发挥了元代散曲生动活泼的艺术特色。

元曲里还有不少诗歌，展示出诗人对下层人民生活的关怀。像冯子振的《农夫渴雨》，是一首描写大旱时农民渴望下雨的诗歌。诗人写到农民从对雨水的渴望，转化为对云霞隔断雨水的怨恨。这似很没道理，却能表露出农民焦虑的心态。又像张养浩的《潼关怀古》。潼关，形势险要，历来是兵家必争之地。诗人从潼关远望，历史一页页翻了过去，王朝也一代接一代，或兴起，或消亡。而让诗人感触最深的是“兴，百姓苦；亡，百姓苦”。这两句诗，力重千钧，一针见血地揭示历代王朝兴亡的背后，蕴藏着多少人民的血泪。这两句诗，也成为元曲史上精警的诗句之一。

元代的散曲作家，也可以把几首不同旋律和节奏的乐曲，连接起来，合成同一主题的长诗，这叫作“套数”（套曲）。像睢景臣的《高祖还乡》，就是元曲“套数”中的优秀作品。

《高祖还乡》是一首很有趣的长诗。汉高祖是中国汉朝的开国皇帝刘邦，他离睢景臣生活的年代，已经很远了。睢景臣用刘邦当上皇帝后衣锦还乡的史实，借古喻今，讽刺帝王们显威风、摆架子、劳民伤财的丑态。

在这首长诗里，作者选取了一个很朴实的乡下人作为旁观者，通过他的视角，去观看皇帝向人民夸耀尊贵的十分可笑的场面。

首先，作者写官吏和乡绅准备迎接刘邦，忙得不可开交，把乡里的老百姓摆弄得晕头转向。跟着，便写皇帝的仪仗队走了过来，冠冕堂皇，威风凛凛。旗帜上有的画着龙，有的画着凤，这都是高贵的象征。但这旁观的乡下人，一概不懂，他觉得很诧异，不晓得仪仗队为什么要举起那些画着似乎是蛇，似乎是鸡之类稀奇古怪的旗帜。他又看到迎接的官吏乡绅，紧张兮兮、毕恭毕敬地向皇帝行礼，而那皇帝也骄傲得很，尊严得很，挺着胸脯，走下了车，接受官绅的膜拜。

当那乡下人一下子看清楚了皇帝的面目时，认出了这耀武扬威的家伙，原来就是刘邦，是和自己一样出身的乡巴佬！他恍然大悟，这刘邦，曾和自己一起干农活，一起割草喂牛。他历数刘邦的底细，更让他生气的是，刘邦还欠过他的钱财，骗过他的粮食，而且借据还被他保留着。于是，他越想越生气，误认为刘邦有意回到家乡骗人，还骂道："白甚么改了姓更了名唤做汉高祖!"

这首长诗，风格既诙谐，又锋利；语言既通俗，又深刻。诗人借乡下人天真而无知的目光，揭露封建时代最高统者的真实面目。在创作方法上，这和丹麦伟大作家安徒生的著名作品《皇帝的新装》，有异曲同工之妙。在中国诗歌史上，这首长诗，写得通俗活泼，畅快淋漓，很能表现出"元曲"和"唐诗""宋词"不同的韵味。

上面，我们简单地向朋友们介绍了元散曲的体制和创作几个方面的题材。至于元散曲作家的创作风格，中国清代的评论家刘熙载，曾把它分成三种类型，一类是清深，一类是豪旷，一类是婉丽。这样的划分，基本上是准确的。显然，这三类品格，就像色彩中的"三原色"，但它们又可互相融合、交织、渗透，调制出万紫千红。一般来说，元代前期的散曲，诗人更多吸取民间作品自然真率的风格。到了元代后期，文人的生活有所改善，心态比较平和，在修辞上更多追求美丽的辞藻和委婉的表达方式，出现了雅化和贵族化的倾向。

※　※　※

有人说，词这种文学体裁，发展到元、明两代，已经进入死胡同，再没有什么看头了。

早在明代，王世贞就否定了元代词的价值，认为“元有曲而无词”[1]。到清代，陈廷焯除了说“元代尚曲，曲愈工而词愈晦”以外，又把明代的词痛诋一番，得出了“词之于明，而词亡矣”的结论。

王国维对元明词的评价，似乎没有拿准。他在《人间词话》中曾说：“夫自南宋以后，斯道之不振久矣！元明及国初诸老，非无警句也。然不免乎局促者，气困于雕琢也。”这段话，把元明词以及清初的词，一概抹倒，语气凌厉。可是，当他具体分析明代的词作时，在《观堂外集·桂翁词跋》中说：“有明一代，乐府道衰。写情、扣舷，尚有宋元遗响。仁宣以后，兹事几绝。独文愍（夏言）以魁硕之才，起而振之。豪壮典丽，与于湖、剑南为近。”你看，王国维只否定仁宣以后亦即明代中叶一段的词作，而对明代前期以及夏言之类的作家，则评价颇高。在这里，词学大师对元明词的判断，前后并非一致，恰好说明他的思想也在不断地变化。

近代的词论家况周颐，对元明词的评价，采取了比较持平的态度，他在《蕙风词话》中指出：“元明人词亦复不无可采，视抉择何如耳。”他又说：“世讥明词纤靡伤格，未为允

[1] （明）王世贞：《艺苑卮言》，见唐圭璋：《词话丛编》，中华书局1986年版，第393页。

协之论。明词专家少，粗浅、芜率之失多，诚不足当宋元之续。唯是纤靡伤格，若祝希哲、汤义仍（义仍工曲，词则蔽甚）、施子野辈，偻指不过数家，何至为全体诟病。洎乎晚季，夏节愍、陈忠裕、彭茗斋、王姜斋诸贤，含婀娜于刚健，有风骚之遗则，庶几纤靡者之药石矣。”显然，他主张对元明词特别是明代的词，作具体的分析，反对一棍子打死。

“视抉择何如耳。”况周颐一语中的，道出了要害所在。

按照王世贞、陈廷焯诸人的说法，入元以后，词坛不振的原因，在于曲坛的昌盛。换句话说，散曲的光辉，掩盖了词作的成就，这种议论，似是而非，颇有澄清的必要。

不错，“一代有一代之文学”。元、明两代，许多作家致力于曲的体裁，从而使曲坛进入黄金时代。这种情况，和宋代许多作家致力于词作，使词成为宋代文学的标志一样。然而，我们却不能因为宋代文坛以词名，便肆意贬低宋诗。你能说宋代词愈工而诗愈晦吗？无疑，宋诗的风貌，不同于唐诗，作为时代的标志，它让位于词，但也依然有其独特的魅力。这一点，已成为人们的共识。同样的道理，我们对元、明两代词作的评价，也不能因曲的昌盛而给予否定。

陈廷焯认为明代的词一无可取，原因是“伯温、季迪，已失古意。降至升庵辈，句琢字炼，枝枝叶叶为之，益难语于大雅”。他在《白雨斋词话》中说：“有明三百年中……以沉郁顿挫四字绳之，竟无一篇满人意者。”很清楚，陈廷焯的抉择标准，无非是：第一，复古，亦即要求明代的人，其词作恢复宋人的意趣。第二，反对雕琢，提倡真率。第三，以沉郁顿挫的风格为最高典范。这三项标准，除了第二条合理以外，第一、第三两项，俱属偏颇之见，而且也与第二项倡求真率的见解抵牾。试想，既要求不失古意，又怎能抒发直吐胸臆的真意？既以沉郁顿挫作为唯一准绳，那些虽非沉郁顿挫却又情真意切的词作，又该如何评价？何况，唯此马首是瞻，否定或贬低其他风格，把只属于某些人的主观品味，视为一代创作的准则，其谬误之处，不言自明，不足为训。

如果说，元、明两代词作，从总体而言，创作质量不及宋词辉煌，这倒合乎事实。最明显的是，元、明两代没有出现过像柳永、李清照、苏轼、辛弃疾等词坛宗匠。究其原因，应该是多方面的。其中很重要的一点是：由于文学的发展、创作体裁多样化，元、明两代词的创作者，比宋代少了。众所周知，在宋以前，作家们主要从事抒情文体的创作。而在宋以后，叙事文体勃兴，有才能的作家，往往把精力投置戏曲、小说方面的创作。再就抒情的文体而言，散曲也挤进了诗坛。多种的文学样式，给作家提供更多的选择余地，这一来，在词这种体裁不居于创作主流位置的情况下，其总的成就逊于其他文体，也是不难理解的。所以，元代的白朴、卢挚诸人，虽然写过不少水平较高的词作，而他们的主要成就，确也在于戏曲或散曲。至于明代的汤显祖，才情绝代，但着力于戏曲创作，作词反成为余事，甚至受到“纤靡伤格”之讥。

元、明两代，词坛呈现弱势，这不是由于词的堕落，而是由于别的文学体裁的发展，使它相形见绌。不是“曲愈工而词愈晦”，而是封建时代后期的叙事文体的成就，超过了抒情文体的成就。即使如此，我们却不能说历时三百六十多年的元、明两代，就没有好词，只要用实事求是的态度爬梳抉择，便不难发现其中的精品。

百步之内，必有芳草。

※　※　※

元明词坛，作家风格各异，有秾艳的、婉丽的、豪壮的、瘦硬的，有讲究含蓄蕴藉的，有追求刚健遒劲的。总之，说得上多姿多彩。

若从元明词风格发展变化的态势看，大致的情况是，元前期和明后期，词风以沉郁者居多，作品内容颇有深度，命句谋篇也显出力度，情绪激越，意境深厚。而元后期和明前期，词作题材相对狭窄，作者较多追求轻巧之趣。于是，三百多年的词坛，其风格总体呈现出两头重中间轻的哑铃般的形态。

元前期和明后期的词作，多循《风》《骚》遗则，这和民族矛盾激烈，作者心头普遍涌起易代之悲、家国之思有直接的关系。

在元初，作为少数民族的蒙古族入主中原，词作家多是南宋或金朝的汉族遗民；到晚明，满族铁骑从对中原虎视眈眈到席卷东南，词作家多成为入侵势力的牺牲品。在这两个历史阶段，面临着共同的问题，即物质财富和精神文明处于高层的民族，反受制于层次较低的少数民族。国家民族以及个人的不幸，颠沛流离的生活，无法摆脱的精神压抑，这一切，使词坛上许多作家，思想上呈现出郁勃深沉的面貌。湍急折逆的时代波澜，在作家心灵中猛烈地激荡，汇成创作的洪峰。所以，评论家们对这两个特定时代的词作，多持肯定态度。夏敬观在《忍古楼词话》中说："予谓元初词得两宋气味。"朱彝尊则认为明代词作，"崇祯之季，江左渐有工者"[①]。

---

① 《曝书亭集》卷四〇，《何寓瓠振雅堂词序》。

元中叶以后，社会相对稳定，经济有所发展，文人雅士，或受羁縻，或被牢笼，心态比元初宁静了许多，轻灵婉丽之作，便相应地多起来了。到了元明之交，历史又进入一个重要的变更时刻。不过，这一回，明之灭元，属汉家光复旧物性质，汉族作家多半喜气洋洋，忙着贺太平，歌盛世，忙着给残破了的山河绘藻粉饰，没有写出多少沉雄厚实的力作。所以，尽管是改朝换代，黍离麦秀之思却不被勾上心头，而元代中叶以来注重温雅纤丽的词风，倒一直延续了下来。

从元中叶到明中叶，词作内容，多写个人情趣，作家感情波动的振幅也相对平缓。在这阶段，词坛上使人魄动神摇之作，也确不易看到。但我们却不能说，这时期的词作便一无是处了。没有雄峻的山峰，不等于没有清澈的溪流，而水冽泉清，也能给人以美的享受。特别是封建社会进入了后期，文坛与逐步认识了人性的社会思潮相适应，在创作上求真求实的主张，形成了时代的强音，作家裸露思想率意命笔的做法，风行一时。对此，守旧的评论者自然不能容忍，于是“淫词秽语，无足置喙”“俗气熏入骨髓，殆不可医”①的詈骂，便铺天盖地泼了过去。事实上，浅薄俗淫也者，是与这时词作的题材，不少与情爱或玩乐有关。词家信马由缰，天机自露，写出的作品，思想内容未必深刻，但也非一无可取。

不过，如果把元、明三百多年，分为头、腹、尾三段，那么，词坛的成就，则以尾部亦即晚明时期为最高。

在晚明，传统的思想束缚相对松弛，激烈动荡的社会现实

① （清）田同之：《西圃词说》，见张璋、职承让、张骅等编纂：《历代词话》，大象出版社 2002 年版，第 1237 页。

使词坛孕育出朵朵奇花。许多词人在民族危难之际，或血泪交迸，目眦皆裂；或忧心如焚，闷怀郁结。发为歌吟，便多变徵之音。而长期以来都市经济繁荣偎红倚翠的生活，也使不少人的笔触，熏沾了粉香脂腻。这两种本属不相协调的色调，统一在笔下，反形成了奇妙的时代样相。正是由于晚明词作在思想艺术方面上扬的趋势，酝酿着新的跃进，这就为后来清初词坛的勃兴，出现“五色朗畅，八音和鸣，备极一时之盛”“几欲上掩两宋”的局面，开启先河，奠定基础。

※　※　※

元明词坛，各有创新，各有迥异于别的时代的因素。下面，仅述其荦荦大者。

在元代，给人印象最深的是，有相当数量的少数民族作家加入了词人队伍。正如我在前面谈元散曲的情况相类似，他们独特的风神，也给词坛增添了活力。

宋代以来，处于西北和东北方向的少数民族贵族奴隶主，不断率兵南侵，契丹族建立了辽，蒙古族建立了元。无疑，就政治、经济、文化的实力而言，契丹族和蒙古族远逊于居于中原地区的汉族。他们用武力攻占了由汉族人民长期经营的沃土，却被中原文化攻占了他们贫瘠的心田，从而身不由己地学习汉族的文字、文学艺术、典章制度、生产方式、生活习惯。野蛮的征服者，总是被那些他们所征服的民族的较高文明所征服。历史从来就是如此。

然而，即使是那些在文化上相对落后的民族，他们对先进文化的接受，也不会仅仅是被动地同化。古往今来，每一个民族，在某些方面，总有优于其他民族的地方。因此，当两种不同的文化互相撞击时，后进的文化对先进的文化，甚至会产生某些推力，它们的优点、特点，会融合在先进的文化潮流中，使其面貌发生一定程度的变化。有时，这些变化是极其重要的，特别在文化肌体处于沉滞的时刻，原始粗犷却又是新鲜血液的注入，会激发活力，萌发生机。正如恩格斯指出的："只有野蛮人才能使一个在垂死的文明中挣扎的世界年轻起来。"①

在元代，北方的游牧民族踏进中原，他们的文化修养改善了，生活条件改善了，可是，长期沉淀在血肉之躯中的气质、感情并不容易改变，发而为声，便表现出一种与汉族人士有明显不同的格调。徐文长在《南词叙录》中说："听北曲使人神气鹰扬，毛发洒淅，足以作人勇往之志。信胡人之善于鼓怒也，所谓其声噍杀以立怨是已。"另一方面，游牧民族逐水草而居，汉族传统的思想观念，对他们的影响、束缚，毕竟是有限的。他们很容易不理会汉族传统的框框，从新的角度观察和表现现实。以创作而论，儒家不是提倡"温柔敦厚"的诗教吗？可是，出身于少数民族的诗人，其祖辈习惯于炙膻腥，居穹庐，饮即高歌，醉即狂舞，要他们接受温柔敦厚的审美观念，实非易事。当他们凭着自己固有的素质教养，发心声而为词，倒在一定程度上冲淡了词坛的甜腻，使之夹杂些阳刚之气；像契丹族的耶律铸、耶律楚材，蒙古族的萨都剌，朝鲜族的李齐贤，维吾尔族的司马昂夫等优秀词家，其词作所创造的意象意境，往往迥异于汉族作者。

---

① 《家庭、私有制和国家的起源》，《马克思恩格斯选集》第4卷，人民出版社1972年版，第153页。

请看耶律楚材的【鹧鸪天】：

花果倾颓事已迁，浩歌遥望意茫然。江山王气空千劫，桃李春风又一年。　横翠嶂，架寒烟，野花平碧怨啼鹃。不知何限人间梦，并触沉思到酒边。

这首词从道观的破落，感江山之盛衰，复感人生之如梦，目纵千古而观察入微，积郁苍凉却归于淡穆宁静。其眼界之恢宏，心事之浩渺，真不易企盼。至于抒情则蕴藉，叙事则直露；形容翠嶂曰横，描画寒烟曰架。大笔如椽，心细如发，也使人叹为观止。整首词，虽没有乳酪味，却体现出惯于奔驰大漠的粗豪气度，明显不同于蜗居穷巷的一般作手。

此外，李齐贤的【巫山一段云】写远浦归帆，其快如飞，“出没轻鸥舞，奔腾阵马回”；【太常引】写暮夜山行，“照鞍凉月，满衣白露、系马睡寒厅”。其取象之新颖，境界之独特，均使人领略到这些游牧民族的后辈，与博袍大袖的中原士大夫，在情趣、韵味方面存在着不少的差别。这一股清劲之风的切入，多少使南宋以来词坛趋于柔靡的格局有所变化。

明代的情况又如何呢？

在明代，儒家传统观念的松动，影响了词的创作。不少作品，新意迭出，使人有眼前一亮、陡然一惊之感。

我们知道，随着城市手工业和商业的发展以及市场的发育，从明中叶开始，违反儒家传统的异端思想的潜流，一直在地下滚动。流风所及，即使是那些以恪守儒家道统自命的人物，内心也不无变化。例如居于“前七子”之首、作为复古主义倡导者的李梦阳，灵魂深处，便隐藏着许多与儒家传统观念格格不入的东西。最明显的是，他的诗作《沐浴子》赫然写着："玉盘两鸳鸯，拍拍弄兰汤。振衣馨香发，弹冠有辉光。岂念蓬首女，含情怨朝阳……"你看，诗人竟以浴盘上的风光入诗，不是颇似《金瓶梅》"兰汤邀午战"之类的描写么？当然，这诗题旨并无新意，甚至还相当陈腐。值得注意的是浴盘鸳鸯形象在古体诗里的出现，使人窥见了李梦阳的潜意识，看到了异端的思想感情，在道貌岸然的作者身上躁动的状态。

异端思想的重要方面，便是疑古。

所谓疑古，实即对封建传统观念的怀疑，也包含对传统秩序的怀疑。由于封建王朝总是按照传统建立其统治架构，这一来，疑古与非今，也总是联系在一起的。显而易见，怀疑先王之道，怀疑前人判断的正确性，这意味着对传统观念的背叛。因此，卫道者力诋那些敢于疑古的人，而离经叛道的勇士们却认为疑古是开启智慧的钥匙，是促进思想发展的基础。李卓吾说："学人不疑，是谓大病。唯其疑而屡破，故破疑即是悟。"[①] 无疑，这种提倡独立思考的主张，并不利于封建统治的稳定。

疑古之风，也吹拂着元明的词坛，不少词人怀疑历史的判断和成例，甚至把矛头指向不容怀疑的帝王。例如吴本泰写安史之乱的杨、李爱情悲剧时，指出"莫悲伤环子系罗衣，君恩缺"。一反唐宋以来的"女人祸水"论，把罪责坐实在唐玄宗的肩膀上。魏大中的《钱塘怀古》慨叹兴亡，感怀治乱，诗人认为：钱塘之所以破败，是"赵家轻掷与强胡"，他冷峻

---

① （明）李贽：《焚书　续焚书》，中华书局1975年版，第169页。

地嘲讽“江山如许大，不用一钱沽”，在他眼中，赵家帝王倒真是一钱不值。至于文徵明的【满江红】，更是敢于疑古的咏史杰作：

> 拂拭残碑，敕飞字、依稀堪读。慨当初，倚飞何重，后来何酷？岂是功成身合死，可怜事去言难赎。最无辜，堪恨又堪悲，风波狱。　岂不念，封疆蹙！岂不念，徽钦辱！念徽钦既返，此身何属？千载休谈南渡错，当时只怕中原复。笑区区、一桧亦何能，逢其欲。

有关抗金英雄岳飞在风波亭遇害的谜团被文徵明攻破了。人们不是把陷害忠良的罪责，向来归咎于奸臣秦桧吗？但文徵明敢于怀疑传统的判断。他认为，谋害岳飞的元凶，应该是从未被怀疑过的皇帝赵构。试想，假如岳飞直捣黄龙，迎还二帝，那么，赵构还能稳坐皇帝的宝座吗？“念徽钦既返，此身何属？”这就是问题的实质，正是为了一己私欲，驱使皇帝借秦桧之手，把抗战英雄置于死地。文徵明的分析，一针见血，入木三分。很清楚，如果他不敢于独立思考，不敢疑古，不敢怀疑神圣的帝王，他有可能接触到历史事件的实质，推翻定谳，并把咏史词提升到一个新的高度吗？

异端思想在词坛的呈现，还有许多方面，诸如追求人性的张扬，追求表现事物的本性，追求不同于传统的意韵，等等。像朱晞颜的【一萼红】，通过写盆梅，歌颂生长于山野的梅，表现对事物顺性发展的向往；刘昺的【浪淘沙】，于寒食节中，从人民的冢墓写到唐陵汉寝，多少表达出平等观念；王锡爵的【渔家傲】，写到打鱼者阖家的天伦之乐，“妻儿列坐周船板”，这贴近现实生活的描绘，不同于前人只着眼于渔父遁世和泉林高致；屠隆的【清江裂石】，写西湖景色，以隐于荷花和仕女的怀抱中为乐，毫不掩饰地表现明代文人的风流放浪。这种种新的题旨和情趣，都在一定程度显示出异端思想对词作的影响。尽管，明代的异端思想，还不是居于思潮的主流，但它对词坛的浸润沁透，却是不容忽视的。

※　※　※

词受曲的影响，有些词作明显散曲化，呈现出杂交的现象，这是元明词坛共同存在的问题。对此，我们应该怎样认识呢？

元明词人，有些就是很有成就的散曲作家，像白朴、王恽、卢挚、张可久，乃至屠隆、施绍莘，等等，他们在散曲方面的成就，甚至比在词作方面还要大。有些人，尽管不一定写过散曲，但在散曲风靡艺苑的情况下，词人们耳濡目染，想要完全摆脱散曲的影响，也难。何况有些词牌，本来就与曲牌别无二致，例如【黑漆弩】【人月圆】，词牌、曲牌的名称与格律完全一样。有时，名称虽异，格调实同。如词中的【促拍丑奴儿】，曲中则称之为【青杏子】。正因为词与曲的渊源极为密切，所以，有些词谱研究专家像杜文澜辈，便把北曲曲牌【天净沙】【干荷叶】【殿前欢】【水仙子】【喜春来】等，编入《词律补遗》中，把这些曲牌视为词牌。由此可见，词之与曲，本难分别。元明词家接受了散曲的熏陶，也实属应有之义。

其实，元明词作风格的主流，并没有远离两宋的矩矱。丁绍仪在《听秋声馆词话》中说：明词“秾辞丽制，生出忠烈伟人”。即使是心境悲凉慷慨的义烈之士如陈子龙等人，其词作也多以宋代的婉约派为圭臬。至于词与散曲的外部形式比较接近，韵味容易接近，这也不难理解。刘勰在《文心雕龙》中说“文律运周，日新其业”，只要我们不把曲与词的体性，看成是凝固的和一成不变的，我们就不应拒绝词曲杂交的新格调，就应欢迎文坛呈现多姿多彩的态势。

文学创作，不同的体裁，大致上是有不同的体性的。这是因为，不同体裁的外部形式，包括句子长短、格式变化的要求，会制约着作者的创作，致使某一体裁的体性，有别于其他文学样式。而在几种体裁同时流行的情况下，不同的体性自会互相影响。有些作家，甚至还敏锐地跨体裁地汲取养分，形成自己的创作特色。当他的成就得到人们的认同，其创作被竞相仿效时，新的流派便出现了。在宋代，苏轼的词作，不就是汲取了诗的某些体性，从而推动了词坛的发展吗？李清照讥笑他的词为“句读不葺之诗”，这起码说明她看到了苏词接受了诗的体性。然而，历史的事实表明，李清照的眼光过于狭窄了。正是那些句读不葺之诗，开启了豪放派的先河，为词坛作出了贡献。同样的道理，词与曲杂交，只要浑成融合，也应视为佳品。

散曲源于市井，是“街市小令”，亦即“市井所唱小曲”。具有题材贴近民间生活、语言浅近俚俗、感情直露奔放等特色。形成了“尖新倩意”“豪辣灏烂”的体性。元明词坛有些作者，汲取了散曲的滋味，便使其词作面目一新。例如李孝光的【满江红】：

烟雨孤帆，又过钱塘江口。舟人道：官侬缘底，驱驰奔走？富贵何须囊底智，功名无若杯中酒。掩篷窗，何处雨声来，高眠后。　　官有语，侬听取。官此意，侬知否？叹果哉忘世，于吾何有？百万苍生正辛苦，到头苏息悬吾手。而今归去又重来，沙头柳。

这首词以对话的方式，透露题旨，意趣生动而直露。它是词，又带有明显的曲味。再如曹伯启的【南乡子】：

蜀道古来难，数日驱驰兴已阑。石栈天梯三百尺，危栏。应被旁人画里看。　　两握不曾干，俯瞰飞流过石滩。到晚才知身是我，平安。孤馆青灯夜更寒。

在词中，曹伯启把自己奔驰在蜀道中困顿的心情，刻画得淋漓尽致。他紧张得手心出汗，到晚留宿孤馆，惊魂甫定，才感到“我”的存在。这种毫不遮掩的写法，大有曲的意韵，或者说，它是一首格调独特、曲味特浓的词。

像李孝光、曹伯启这类作家，写出了明白浅近、尖新俏皮、泼辣烂漫之作，汲取了曲趣入词的作家，在元明词坛中不在少数。尽管我们还不能说它形成了新的流派，但这众多的具有曲味的词，却使词坛呈现亮色。《菉漪室曲话》对词与曲的体性曾有所比较，它指出：“宋词之所短，即元曲之所长。”这里所说元曲，实指散曲。如果从散曲与词的体性互有长短，可以互相补足，可以加强作品的表现能力的角度看，这见解委实高明。元明词坛许多作者，恰恰能融合散曲之所长，注入词作，别成一家。在这个意义上，以曲入词，应该说是对词坛的贡献。

以上，是我对元散曲和元明词的一些认识。要说明的是，本书对每首作品，只是读后的随笔，对作品的理解和赏析，稍作评述，以供读者参考。评析有长有短，短则寥寥数语，稍详述者亦千字左右。对于作者生平，亦略作介绍，在这方面，李恒义博士协助我做了许多工作。

兹不赘。

2019 年 6 月 27 日于中山大学中文堂

目　录 | Contents

元散曲选读

元明词选读

元散曲选读

杨 果

杨果（1195—1269），字正卿，号西庵，祁州蒲阴（今河北安国）人。金哀宗进士。历任县令，以清廉干练著称。入元后，官至参知政事，出为怀孟路总管。著有《西庵集》。散曲现存不多。风格偏于典雅。从他的作品中，我们可以窥见传统诗歌由词向散曲过渡的痕迹。

越调小桃红

碧湖湖上柳阴阴，人影澄波浸。常记年时对花饮。到如今，西风吹断回文锦。羡他一对，鸳鸯飞去，残梦蓼花深。

此曲写夫妇别离后的思念。首句从湖畔的景色写起，湖水凝碧，柳阵低笼，显得无比寂静幽雅。次句写湖边小立，澄净的湖水，照出抒情主人公的倒影。那杨柳依依，形影相吊的氛围，倍能勾起思怀感念的情愫。其间着一“浸”字，颇能表现出静立凝思的神态。第三句，写在沉寂中引发出对过去夫妇相聚时的回忆。“对花饮”一语双关，既以花喻人，又表现出当时旖旎温馨的场景。四、五两句，点明题旨。西风萧瑟，吹水成纹，也吹断了远方的音讯。使用“回文锦”一典，由眼前湖水涟漪的形象生发，也暗寓作者思怀的对象。末三句是此曲精警之处。在湖上，一对形影不离的鸳鸯，飞入蓼花深处，它们双宿双栖，让孤独的离人羡慕不已。运用这具有反衬作用的特写作结，使全曲更饶韵味。元初战乱频仍，此曲所表现的对和平温馨生活的向往之意，及其含蓄蕴藉的意境，颇能引起读者深思。

商　挺

商挺（1209—1288），字孟卿，自号左山老人，曹州济阴（今山东菏泽）人。青年时和著名诗人元好问等交游。元初为行台幕官，官至参知政事、枢密副史。诗、书、画俱工。散曲今存小令十九首。

双调潘妃曲

带月披星担惊怕，久立在纱窗下。等候他。蓦听得门外地皮儿踏。则道是冤家，原来风动荼蘼架。

此曲写少女幽会时忐忑不安的心情。首句先点出赴约时间，也约略勾勒约会的环境：星月朦胧，夜阑人静，一个人站在黑黝黝的阴影里，不由得担惊受怕。紧接着是“久立纱窗下”，怕而久立，更显出心情的紧张，但她一直忍受着时间的煎熬。第三句“等候他”，简洁明了。此语一下，少女怕而久立的原因自明，她内心充满希望，是纯真的爱情给了她勇气。以上三句，作者以白描手法对少女形象作静态的描写。第四、五句气氛忽变，写她突然听到声响，紧张的心，一下子松弛了。夜深人静，地皮儿响，除了他来，还能有什么呢？于是，幸福的喜悦，久立期待的怨恼，一下子涌上心头。“冤家”二字，准确地传达出爱愠交集的心态。结句“原来风动荼蘼架”是隽永的一笔。少女的神经过敏，使人失笑，她那思恋之深、期待之切的感情，也通过这出现错觉的细节曲曲传出。商挺此曲描绘人物内心微妙的变化，笔法却极尽腾挪变化之能事，很典型地反映了封建时代追求爱情自主的青年，那种畏怯、幻想、渴望、失落的复杂心理。

刘秉忠

刘秉忠（1216—1274），字仲晦，初名侃，又名子聪，做官后改名秉忠，自号藏春散人，邢州（今河北邢台）人。初为僧，后由海云禅师推荐，识元世祖忽必烈，从征云南、大理，略定宋地，奏定国号“元”，一朝典章制度，皆出其手。官拜光禄大夫，位太保，参领中书省事。卒赠常山王，谥文正。刘秉忠虽然位极人臣，但《元史》说他“斋居蔬食，终日澹然”。著有《藏春集》《玉尺经》等。散曲多写景物，风格萧疏闲淡而隽永。《全元散曲》录其小令十二首，其中有四首为误收。

南吕干荷叶

干荷叶，色苍苍，老柄风摇荡，减了清香越添黄，都因昨夜一场霜，寂寞在秋江上。

曲牌名【干荷叶】，作者即以此为题。通篇品咏干荷叶的形象和神态。本来，荷叶田田，露珠颗颗，惹人怜爱，但随着秋风渐起，韶光渐老，荷叶便凋残了。此曲入手抓住残叶的特点，写它叶枯、色暗、柄老。在秋风中，擎着干叶的老柄，晃来晃去，似乎在勉力支撑。从荷叶随风摇荡的姿态，作者回想它有过青春，泛过清香，如今却是香减叶黄了。前后印象两相比照，更显出荷叶憔悴的容颜。第五句写荷叶凋残的原因，一夜秋霜，红销翠减，许多美好的东西，从来都难逃霜刀雨剑。末句“寂寞”两字，把残荷人格化，使人领悟到“霜”字的多种寓意。此曲是咏物之作，描绘的虽是干荷叶，但其中寄托了作者对人生的态度。人世严酷，人生易老，种种盛衰兴废的感情，作者都有所体验。在创作时，他寄情于物，物我交融，便使干荷叶的形象包含着很深的意蕴。南唐的李璟也写过残荷：“菡萏香销翠叶残，西风愁起绿波间。”与此曲取意略近。不过，史载刘秉忠过惯僧徒式的清淡生活，因此，即使写到干荷叶的寂寞，也带着点清淡的感情，毕竟全曲流注的是疏放飘逸的气韵。

王和卿

王和卿（生卒年不详），大名（今河北）人。钟嗣成《录鬼簿》列他于“前辈名公”中，称他为“王和卿学士”。现存散曲二十一首，套数两篇。风格跳踺滑稽，用语俚俗，常流露出玩世不恭的情绪。

仙吕醉中天·咏大蝴蝶

弹破庄周梦，两翅驾东风。三百座名园一采一个空，谁道风流种。諕杀寻芳的蝴蝶，轻轻的飞动，把卖花人搧过墙东。

通篇写蝴蝶之大。王骥德《曲律》评此曲云：“只起首一句，便知是大蝴蝶。下文势如破竹，却无一句不是俊语。”此曲句句夸张，把蝴蝶写得大到无以复加，构想十分奇特。本来，蝴蝶是人见人爱的小昆虫，“蝶恋花心飞款款”，它采花时怜香惜玉的姿态，常能引人遐想。但是，王和卿笔下的这只大蝴蝶，竟似一只凶猛的饿鹰，简直在横扫一切。外表的美丽与其鲁野的行为极不协调，于是产生了喜剧性的效果。曲中“谁道风流种”一句，在反诘中暗喻嘲讽，是全曲命意所在。

据陶宗仪《辍耕录》云："大名王和卿，滑稽佻达，传播四方。中统初，燕市有一蝴蝶，其大异常，王赋【醉中天】小令云云，由是其名益著。"可见，大蝴蝶出现在市廛，实有其事。骚人墨客，遂作游戏文章，随意所之，借题发挥。王和卿在奇想联翩中笔涉讽喻，引发人们对一些丑陋现象的联想，所以受到称赞。徐𤊹《徐氏笔精》卷六载："王和卿和关汉卿俱以北调相高，偶见大蝴蝶飞过，和卿赋云云，汉卿遂罢咏。"这段逸闻，与李白"眼前有景道不得，崔颢题诗在上头"的传说相似，也说明了人们对王和卿此曲的推崇。

白 朴

白朴（1226—1306），字仁甫，号兰谷，原籍隩州（今山西河曲）人。金亡时，随父执元好问逃难。元灭南宋后，迁徙金陵。一生放浪形骸，谢绝仕途。他是杂剧名家，著有《梧桐雨》《墙头马上》等杰作。散曲则附于词集《天籁集》后，内容多写恋情和风景。

双调沉醉东风·渔父

黄芦岸白蘋渡口，绿杨堤红蓼滩头。虽无刎颈交，却有忘机友，点秋江白鹭沙鸥。傲煞人间万户侯，不识字烟波钓叟。

蒋一葵《尧山堂外记》云：此曲“有味而佳”。确实，它值得认真咀嚼。首两句，先描写江边景色。岸、渡、堤、滩，表明写的是水边。这里长着芦、蘋、蓼柳，色分黄、白、绿、红。枝叶疏爽的植物，点缀着缤纷的色彩，掩映着澄澈的江水，真是一幅澹荡明丽的秋江水墨图。中间三句，渐露题旨。“虽无刎颈交”是先退一步，逼出下文“却有忘机友”，再申明忘机友便是白鹭沙鸥。鸥鹭点水而飞，无拘无束，自由自在。写渔父在澄明的秋江上，和鸥鹭相与忘机，便烘托出他性格的高洁，也从侧面表明他对尘浊的厌弃。末两句，格调转为峭拔，特别是“不识字”三个字，掷地有声。强调渔父的不识字，可以无忧无虑，可以傲视王侯，正是要表现识字的知识分子对现实生活的反感。在词曲创作中，以渔父为题材的作品不在少数，一般也只着眼于描绘他们生活的逍遥惬意，像刘秉忠的【清平乐】《渔舟横渡》说：“自任飞来飞去，伴他鸥鹭忘机。”白朴此曲情味则显然有所不同。由于白朴虽然悠游山水，实则块垒未消，这一来，命辞遣意，就不是一味潇洒脱略了。

胡祇遹

胡祇遹（1227—1293），字绍开，号紫山，磁州武安（今河北磁县）人。至元年间曾任翰林及太常博士等官职，因忤权臣阿合马，外放为济宁路总管。不久以疾辞官。有《紫山大全集》行世。现存散曲十一首。朱权在《太和正音谱》中，称其风格如“秋潭孤月”般明净。

中吕喜春来·春景

残花酝酿蜂儿蜜，细雨调和燕子泥，绿窗蝶梦觉来迟。谁唤起，帘外晓莺啼。

胡祇遹所作《春景》共有三首，以这里所选的第二首为最佳。首两句，作者捕捉人们最常见到又最易忽略的细节，表现春光的融洽旖旎。花丛中，蜜蜂嗡嗡营营地采蜜；细雨里，燕子飞来飞去地筑巢。雨滴花残，春意阑珊，而蜂蜂燕燕，似乎是抓紧时机，珍重春光，努力工作。在这里，作者写的虽是三春实景，但实中见虚，透露出他自己心中对春光的愉悦。李调元《雨中曲话》对这两句评价很高，认为是“人所不能道”。关汉卿的《诈妮子调风月》第三折，也以这两句入曲，可见它脍炙人口。此曲后三句，是前两句的补足。“绿窗”渲染春意的浓酣，“觉来迟”表现春睡的浓酣。“春眠不觉晓”，唤起梦中人的是一串莺歌，真是睡得舒心，醒来惬意。这种懒洋洋、暖融融而又畅快舒坦的心情，与窗外蜜蜂、燕子熙熙攘攘活动互相映衬，构成了统一的意象，使人感受到春光的和煦明媚，就像酒后微醺，暖人心脾。

关汉卿

关汉卿（1229？—1297？），号已斋叟，大都（今北京）人。一说为祁州（今河北安国）人。在元代不愿仕途，曾参加“玉京书会”，编曲写戏，甚至参与演出。贾仲明称他“驱梨园领袖”。所作杂剧现存十多种，散曲六十六首，风格尖利流畅。

双调沉醉东风

咫尺的天南地北，霎时间月缺花飞，手执着饯行杯，眼搁着别离泪。刚道得声“保重将息”，痛煞煞教人舍不得。好去者，望前程万里。

此曲写送别，语言明白如话，感情真挚动人。它入手即总摄别离时的感受。首两句对偶句，很能表现离别者内心的痛苦和情绪的凝重。跟着写送别场面：饯行的女子，手上端着酒杯，眼里盈盈珠泪。“搁着”两字，刻画出强忍眼泪的神态。后几句着重写临别赠言的场面：她刚刚对离人说了句“保重将息”，便心如刀割，再也说不下去了。毕竟，她控制住自己的情绪，她不愿所爱的人在离别的时刻增加痛苦，于是，她显得很爽朗，很自然，用一句美好的祝愿代替千言万语。而写她强颜欢笑，很能更深一步揭示她内心的痛苦。我国写恋人送别的诗词，如韦庄【女冠子】：“别君时，忍泪佯低面，含羞半敛眉。”柳永【雨霖铃】：“执手相看泪眼，竟无语凝噎。”此曲刻画入微处，与上面两词相埒，而真率透彻则过之。

南吕一枝花·不伏老

【一枝花】攀出墙朵朵花，折临路枝枝柳。花攀红蕊嫩，柳折翠条柔，浪子风流。凭着我折柳攀花手，直煞得花残柳败休。半生来折柳攀花，一世里眠花卧柳。

【梁州第七】我是个普天下郎君领袖，盖世界浪子班头。愿朱颜不改常依旧。花中消遣，酒内忘忧；分茶攧竹，打马藏阄，通五音六律滑熟，甚闲愁到我心头。伴的是银筝女银台前理银筝笑倚银屏，伴的是玉天仙携玉手并玉肩登玉楼，伴的是金钗客歌金缕捧金樽满泛金瓯。你道我老也暂休，占排场风月功名首，更玲珑又剔透。我是个锦阵花营都帅头。曾玩府游州。

【隔尾】子弟每是个茅草岗沙土窝初生的兔羔儿乍向围场上走。我是个经笼罩受索网苍翎毛老野鸡蹅踏的阵马儿熟。经了些窝弓冷箭铁枪头，不曾落人后。恰不道“人到中年万事休”，我怎肯虚度了春秋。

【尾】我是个蒸不烂煮不熟捶不扁炒不爆响珰珰一粒铜豌豆，恁子弟每谁教你钻入他锄不断斫不下解不开顿不脱慢腾腾千层锦套头。我玩的是梁园月，饮的是东京酒，赏的是洛阳花，攀的是章台柳。我也会吟诗，会篆籀；会弹丝，会品竹；我也会唱鹧鸪，舞垂手；会打围，会蹴踘；会围棋，会双陆。你便是落了我牙，歪了我口，瘸了我腿，折了我手，天赐与我这般儿歹症候，尚兀自不肯休。则除是阎王亲自唤，神鬼自来勾，三魂归地府，七魄丧冥幽。天哪，那其间才不向烟花路儿上走！

这是关汉卿的代表作。它以《不伏老》为题，以第一人称来写，作自我介绍，自我调侃。而所写的"我"，固然有关汉卿本人的影子，但更多的是元代许许多多书会人才面貌的概括。第一支曲【一枝花】反复写攀花和折柳，花是出墙的花，柳是临路的柳，自有其特定含义。三、四句说攀折的是娇花嫩柳，六、七句，八、九句则说一辈子尽情地放纵。这一番自我表白，直率袒露，是"风流浪子"个性的概括。

【梁州第七】是风流浪子的自夸，列举眠花折柳的种种手段和本领。此曲较多使用工整的对偶长句，气韵悠扬，颇能显出风流浪子洋洋得意的神态。

【隔尾】则以嘲笑那些稚嫩而不谙世事的子弟做比衬，展现自己曾经沧海抵受过风风雨雨，锻炼出顽强的性格。曲中以羊羔形容初出茅庐的子弟，以野鸡形容泼辣老练的自己，生动活泼，诙谐幽默。

【尾】写得最透彻，最精彩。"我是个蒸不烂煮不熟捶不扁炒不爆响珰珰一粒铜豌豆"是极能表现人物形象，极能给人以深刻印象的点睛之笔。这支曲子，承上文在两个方面做进一步的发挥。即表明自己多才多艺，具有攀花折柳的本领；表明自己死不悔改攀花折柳的决心。曲中一系列短促有力的排句，节奏铿锵，具有精神抖擞、斩钉截铁的意味。全曲把衬字运用的技巧发挥到了极致。如【尾】的首两句，本为七七句式，作者竟在这两句中增加了三十九个衬字，使上句成为二十三、下句成为三十的句式，成为散曲中少见的长句。其豪纵的胆识，使人叹服。而这些长句，实际上又以排列有序的一连串三字短句组成，于是给人以长短结合舒卷自如的印象。这种浪漫不羁的表现形式，恰能表达出浪漫不羁的内容，以及风流浪子无所顾忌的品性。

从表面看来，这套《不伏老》淋漓尽致地写“风流浪子”眠花折柳的行径，并不可取。但是，我们应该结合元代特定的历史环境来看待它的价值。当时，知识分子没有出路，有许多人混迹勾栏，成为市民阶层的一员，他们既沾染了市民习气，又以玩世不恭、游戏人生的态度表达对社会现实的抗议，这就是“风流”“放荡”的实质。因此，此曲越写得行为诡异，惊世骇俗，就越能呈示“铜豌豆”不屈不挠顽强抗争的一面。

卢　挚

卢挚（1235—1314），字处道，一字莘老，号疏斋，又号嵩翁，涿郡（今河北涿州）人。蒙古至元五年（1268）进士，累官集贤学士、翰林学士、翰林承旨，仕途得意，声名显赫。一生交游极广，白朴、马致远、张可久以至朱帘秀等都与他有往来。诗文曲俱著称于时，其诗与刘因齐名，世称“刘卢”，文与姚燧齐名，世称“姚卢”。尤擅散曲，贯云石称其风格“媚妩如仙女寻春，自然笑傲”。著有《卢疏斋集》，已不存。散曲现存一百二十首，多写景抒怀，尤擅描绘田舍风光。风格清新流丽，自然活泼。

双调沉醉东风·秋景

挂绝壁松枯倒倚，落残霞孤鹜齐飞。四围不尽山，一望无穷水。散西风满天秋意，夜静云帆月影低，载我在潇湘画里。

卢挚散曲与姚燧齐名，时称“姚卢”，是元代前期重要作家。此曲写潇湘一带的秋天暮色。首句化用李白《蜀道难》“枯松倒挂倚绝壁”，暗点秋山。次句化用王勃《滕王阁序》

"落霞与孤鹜齐飞"，暗点秋水、黄昏。两句一清劲，一明丽，构成秋景特定的意蕴。"四围不尽山，一望无穷水。"意味着诗人的视点向远处扩展，放眼望去，山光水色，渺渺冥冥，使人心胸放逸开阔。这时候，西风吹送，凉意满天，给山山水水散落一片秋色，勾起诗人的萧疏之感。"不尽""无穷""散"，虚写秋景的无影无迹。而末两句则是写实，在宁静的夜色中，诗人看到云帆，看到月影，使他联想起名画《潇湘八景》，感到自己进入画图当中，也成了画的一部分。全曲意象明朗，气韵流动，看得出卢挚心情的舒畅。大德初年，卢挚由大都出任湖南廉访使。此曲当是写于他在宦途中感觉尚好的时刻。

双调折桂令·田家

沙三伴哥来嗏，两腿青泥，只为捞虾。太公庄上，杨柳阴中，磕破西瓜。小二哥昔涎剌塔，碌轴上淹着个琵琶。看荞麦开花，绿豆生芽。无是无非，快活煞庄家。

这是一幅农村夏日野趣图。作者选用日常的生活细节，表现农村夏景，饶有风趣。你看，烈日当空，两个农民走过来了。他们刚在河里捞虾，上得岸来，两腿还拖泥带水，赶紧跑进阴凉的柳荫，砸开西瓜便吃。"磕破"两字，活画出他们劳动之余口干舌燥急不可待吃西瓜解馋的神态。旁边，一个肮脏的小孩，颈子细，肚子大，浑身湿漉地靠在晒场的石磙子上。他看着大人吃西瓜，垂涎欲滴，活像"淹着个琵琶"。这三个人活动的姿态，栩栩如生，构成了整幅图景的焦点。此外，作者还写到村边开花的荞麦，生芽的绿豆，作为人物的烘托，使整个画面洋溢着淳朴自然的泥土气息。最后两句是对农家生活的赞美。作者强调农家“无是无非”，是从侧面透露出对尔虞我诈官场生活的厌恶。此曲用语俚俗，天机自露，洗尽文人笔意，读来趣味盎然。

姚燧

姚燧（1238—1313），字端甫，号牧庵，洛阳（今河南省洛阳）人。少从叔父姚枢学，后拜许衡为师。至元七年（1270），以荐为秦王府学士，大德五年（1301）为江东廉访使，累官至学士承旨、太子少傅。姚燧积极效忠于元朝，他目睹金末混乱的局面，认为金是“必亡之国”，理应由元朝入承大统。曾主持修撰《世祖实录》。他以文章著称于世，亦工诗词。其为文厚重博大，气势恢宏，黄宗羲以之比于唐代韩柳、宋代欧曾、金代元好问。有《牧庵文集》，已佚，清人辑有《牧庵集》。其曲无集传世，散见于名家曲选中，有不少儿女风情的描写。吴梅《顾曲麈谈》卷下评云：“曲则不经见，然每有做，亦要婉丽可诵。”

越调凭栏人·寄征衣

欲寄君衣君不还，不寄君衣君又寒，寄与不寄间，妾身千万难。

此曲全以思妇的口吻写出。古代丈夫离家，或征战，或行役，天气转凉时，妻子就给丈夫寄上寒衣。所以，诗词中常有制寒衣、送征衣之类的题材。像李白的“长安一片月，万户捣衣声”，沈佺期的“九月寒砧催落叶，十年征戍忆辽阳”，都脍炙人口。姚燧此曲，构思巧妙，它偏不从寄衣入手，反着眼于“欲寄”与“不寄”的内心矛盾。冬天到了，妻子想到丈夫，自然欲寄征衣，但一转念，他有了寒衣，不就会不急于归家了吗？这一来，与其寄，不如不寄。再一转念，如果不寄，丈夫不就衣薄被单、忍饥受冻了吗？真是寄也难，不寄也难。她左思右想，辗转踌躇，始终拿不定主意。这样，全曲虽然没有正写思念，却通过妻子内心的为难，处处显示她对丈夫的爱之深、念之切。短短二十四字，便将思妇细腻微妙的心理，曲曲传出。

马致远

马致远（1250？—1321？)，号东篱，大都（今北京）人。做过江浙行省务提举官。晚年厌倦，退出官场。他在大都参加“书会”活动，有“曲状元”之称。现存杂剧有《汉宫秋》等七种。散曲一百多首。作品风格多样，或豪放清丽，或平易自然，纵横挥洒，无不如意。

越调天净沙·秋思

枯藤老树昏鸦，小桥流水人家，古渡西风瘦马。夕阳西下，断肠人在天涯。

马致远是元代最著名的作家之一。此曲写天涯游子在秋天的感受。首三句叠用九个名词，名词与名词衔接，无须动作做中介，却又能使人理解作者所见所想。这就像电影的蒙太奇镜头那样，通过画面的组接，启发观众联想画面以外的含义。秋郊的黄昏，乌鸦返巢，藤缠老树，失去依托的游子，面对这样的景色，不能不触动愁思。远处，小桥流水，村舍人家，显得宁谧而温馨，反衬游子离家心情的失落。再放眼望去，古道蜿蜒，瘦马踯躅，周遭一片寂寞苍凉。这三组景色，情味不同，在夕阳的映照下，统一构成富有韵味的意境。最后一句，“断肠人在天涯”，这句贯穿全曲，却又戛然而止。至于游子的情感，已不必多写。游子是谁？是作者自己还是别人，也不必说明。因为，它概括了羁旅天涯的人最典型的感受。周德清《中原音韵》誉此曲为“秋思之祖”。王国维说它“寥寥数语，深得唐人绝句妙境，有元一代词人，均不能办此”。确实，此曲所表现的艺术魅力，别人难以企及。

双调拨不断

叹寒儒，谩读书，读书须索题桥柱，题柱虽乘驷马车，乘车谁买长门赋。且看了长安归去。

在元代，知识分子怀才不遇，满腹牢骚。“叹寒儒”，实是“寒儒自叹”。可叹的原因，在于枉读了诗书。读书人必须有远大的抱负。有些人，虽然飞黄腾达，但又有谁受到重视？这一来，饱读诗书，上京考试，又有什么意义？末了撇下一句“且看了长安归去”，活画出“寒儒”们在无可奈何中夹杂着轻蔑的心态。无名氏的【朝天子】散曲也说：“不读书有权，不识字有钱。”人们不断地提出读书无用，可见这是严重的社会问题。此曲妙处，在于能巧用“顶真格”句式，即以上句的句尾词组，作为下句的开头，上下勾连，一气呵成。运用这种句子形式，能使意思一层深似一层，又能表达骨鲠在喉不吐不快的情绪。至于马致远所说“读书无用”，当然只是反话。这冷峭之笔，实质上是心情郁热的另一种表露。

双调夜行船·秋思

百岁光阴如梦蝶，重回首往事堪嗟。今日春来，明朝花谢，急罚盏夜阑灯减。

【乔木查】想秦宫汉阙，都做了蓑草牛羊野，不恁么渔樵没话说。纵荒坟横断碑，不辨龙蛇。

【庆宣和】投至狐踪与兔穴，多少豪杰。鼎足三分半腰里折，魏耶？晋耶？

【落梅风】天教你富，莫太奢，无多时好天良夜。富家儿更做道你心似铁，空辜负了锦堂风月。

【风入松】眼前红日又西斜，疾似下坡车。不争镜里添白雪。上床与鞋履相别。莫笑鸠巢计拙，葫芦提一向装呆。

【拨不断】利名竭，是非绝，红尘不向门前惹，绿树偏宜尾角遮，青山正补墙头缺。更堪那竹篱茅舍。

【离亭宴煞】蛩吟罢一觉才宁贴，鸡鸣时万事无休歇，何年是澈？看密匝匝蚁排兵，乱纷纷蜂酿蜜，急攘攘蝇争血。裴公绿野堂，陶令白莲社。爱秋来那些：和露摘黄花，带霜烹紫蟹，煮酒烧红叶。想人生有限杯，浑几个重阳节？嘱你个顽童记者，便北海探吾来。道东篱醉了也！

马致远的小令【天净沙】和这首套曲，均以秋天景色起兴。小令写索寞心境，此曲写放旷情怀，均属散曲中精品。开篇五句，统领全局，提出人生若梦，应该及时行乐。【乔木查】【庆宣和】【落梅风】三曲，从三个方面阐发题旨：帝王有无上权威，但终归霸业成墟，只给渔翁樵夫留下笑谈的话题；豪杰有满腔抱负，但多少人白忙了半世，胜者败者，如今安在？富翁们守着钱财，俭吃省用，到头来辜负了大好时光。【风入松】【拨不断】两曲，从对富贵荣华的感慨，引出作者自身的处世哲学：人生苦短，难得糊涂。不如摆脱名利是非、乐得安闲清净。【离亭宴煞】总结全文。作者先比较两种人生态度：一种人争名夺利，一种人诗酒自娱。然后归结到自己的选择：趁秋光，醉东篱，图个逍遥自在。全曲结构严整而气势豪纵。就思想方面而言，表面上放逸潇洒，消极避世，实际上是作者愤世嫉俗的另一种表现形式。王世贞《艺苑卮言》云：“此曲放逸宏丽而不离本色，押韵尤妙。长句如‘红尘不向门前惹，绿树偏宜屋角遮，青山正补墙头缺’，又如‘和露摘黄花，带霜烹紫蟹，煮酒烧红叶’，俱入妙境。小语如‘上床和鞋履相别’，大是名言。结尤疏俊可咏。元人称为第一，真不虚也。”所论极是，此曲工丽与本色交错，俊彩纷呈，好句如珠。尤其是鼎足对的运用，令人击节赞叹。

白　贲

白贲（bì，音闭。生卒年不详），号无咎，钱塘人。曾任温州路平阳州教授，后为南安路总管府经历。能曲善画。但散曲存者甚少。仅存小令《鹦鹉曲》一首，另套数三首。

正宫鹦鹉曲

依家鹦鹉洲边住，是个不识字渔父。浪花中一叶扁舟，睡煞江南烟雨。【幺】觉来时满眼青山，抖擞红蓑归去。算从前错怨天公，甚也有安排我处。

杨朝英《太平乐府》载冯子振【鹦鹉曲】序云：“白无咎有【鹦鹉曲】云云。余壬寅岁留上京，有北京伶妇御园秀之属。相从风雪来，恨此曲无续之者。”散曲的四声安排，有时要求甚严。像【鹦鹉曲】末句，必须“去仄仄平平上仄”。白贲此曲在平仄方面按其要求，丝丝入扣，圆熟自然，这固然难以找到可以匹配的续作。更重要的是，此曲在表现悠然自得、逍遥旷达的情绪，也有独特的地方。张志和有【渔歌子】一词，写“青箬笠，绿蓑衣，斜风细雨不须归”。意境与此曲相近。不同的是，白贲与白朴的【沉醉东风】一样，特意点出渔父的“不识字”，没有那份“人生识字忧患始”的心情。而和白朴不一样的是，是白贲承认有过牢骚、不平，但领略了江南烟雨，便心旷神怡，领悟到避世江湖，才是天公对他最好的安排。这一来，更显得文心跌宕，飘逸闲适。可以说，在疏淡中见豪放，在潇洒中见不羁，直抒胸臆而情景兼备，是白贲此曲妙处。

冯子振

冯子振（1257—1327），字海粟，号怪怪道人，攸州（今湖南攸县）人。官至承事郎、集贤待制。性豪放，文思敏捷，酒酣耳热，一挥即万余言，文字美如簇锦而不为文章法度所束缚。《尧山堂外纪》云："世谓天下有名冯海粟。"现存散曲四十四首。

正宫鹦鹉曲·农夫渴雨

年年牛背扶犁住，近日最懊恼煞农父。稻苗肥恰待抽花，渴煞青天雷雨。【幺】恨残霞不近人情，截断玉龙南去。望人间三尺甘霖，看一片闲云起处。

此曲是续和白贲【鹦鹉曲】之作。据蒋一葵《尧山堂外纪》云：白曲问世后，"海粟即援尾续百首"。从他那一口气唱和多首的做法，确实可以看到他豪放泼辣的气概。《农夫渴雨》一曲，上半突出写大旱出现在"稻苗肥恰待抽花"之际。这关键时刻，最需要水，否则颗粒无收。"恰待"两字，表明雨水及时的重要性以及农夫渴雨的原因。曲的下半写农民渴雨的心情。他们仰望天空，只见残霞飘忽。按农村气象常识，这表明天色还要继续晴朗。于是，农夫对雨的渴望，便化为对残霞的恨，恨它把玉虹截断，赶跑了雨。这样的恨，当然无理，却能真切表露农民的焦虑之情。结句忽起波澜，说看到闲云升起，似乎在绝望中又看到了一丝希望。这含蓄细腻的写法，真切地描画出农夫渴雨，大旱望云霓的内心律动。

王实甫

王实甫（生卒年不详），名德信，大都（今北京）人。经常生活在勾栏之中，词章韵美，士林低伏。有杂剧十四种，现存三种。所著《西厢记》最负盛名，贾仲明说它“天下夺魁”。现存散曲只有三首。

中吕十二月过尧民歌·别情

【十二月】自别后遥山隐隐，更那堪远水粼粼。见杨柳飞绵滚滚，对桃花醉脸醺醺。透内阁香风阵阵，掩重门暮雨纷纷。

【尧民歌】怕黄昏忽地又黄昏，不销魂怎地不销魂，新啼痕压旧啼痕，断肠人忆断肠人。今春，香肌瘦几分，缕带宽三寸。

王实甫的戏，以写儿女风情为主。此曲写的也是男女的别情。【十二月】首两句，入手擒题，写别后的颙望。她望尽天涯，离人不见，见到的只是遥山远水。隐隐山色，粼粼水影，使她情怀增添了一层怅惘。三、四句，写她收回目光，而楼外柳絮的飘零，桃红的灿烂，也使她触景生情，想起了欢聚时的生活。第五句写她不再伫望，回到香闺。第六句写她索性掩上重门，也想掩上自己的心扉。但房里香风阵阵，依然是他未走时的样子；房外纷纷细雨，更衬托她独处的凄凉。【尧民歌】则紧接上文从“暮”字入手，正写黄昏的孤单和思忆的痛苦。独守空闺的人，最难抵受黄昏的寂寞。此曲以四句层层深入抽丝剥笋般揭示闺中人内心的矛盾，四句首尾连环，句句用韵，这与【十二月】每句以叠字结尾的句式相配合，不仅音调连绵美听，而且能把婉转低回、柔肠寸断的别情恰切地传达出来。所以，周德清《中原音韵》说此曲“对偶、音律、平仄、语句皆妙”。

张养浩

张养浩（1270—1329），字希孟，号云庄，山东济南人。历任县尹、监察御史、礼部尚书。以直言敢谏著称。弃官归隐后，因关中大旱，复出治旱救灾，劳瘁而死。散曲集《云庄休居小乐府》，多写寄情林泉之乐，间也有关怀民疾之作。

中吕山坡羊·潼关怀古

峰峦如聚，波涛如怒，山河表里潼关路。望西都，意踌躇。伤心秦汉经行处，宫阙万间都做了土。兴，百姓苦；亡，百姓苦。

张养浩晚年在陕西赈济饥民时，写了九首怀古曲。这是最有名的一首。起句“峰峦如聚，波涛如怒”，气势飞动。作者纵笔酣写山川的壮美，赋予它强烈的感情。沉郁的声调，产生闷雷滚动的效果，使人心灵震撼。“山河表里潼关路”，突出写潼关的险要。这里是历代兵家必争之地，多少次关系着兴亡的战争在这里展开。从潼关向西，“望西都，意踌躇”。长安是好几代王朝的首都，作者登高伫望，思古之情悠然而起。“伤心秦汉经行处”两句，是说遥望那片秦代人、汉代人乃至历代人曾经走过的土地，不禁感慨系之。诗人感到，历史在他面前一页页地翻阅，无情地宣示王朝更替不可避免的现实。此曲迥异于其他诗作，在于它不只一般地抒发兴亡之感，而且一针见血，揭示出兴亡后面的历史真谛："兴，百姓苦；亡，百姓苦。"这八个字，鞭辟入里，精警异常，恰如黄钟大吕，振聋发聩，使全曲闪烁着耀眼的思想光辉。从诗人对百姓的态度，回应起首两句，当可理解为什么他在豪壮的山色面前，抚今追昔，显得心情沉重，郁勃难抒了。

郑光祖

郑光祖（生卒年不详），字德辉，平阳襄陵（今山西临汾）人。做过杭州路吏。为人刚直不阿。现存杂剧有《倩女离魂》等八种。艺人们专称他为“郑老先生”。《录鬼簿》说他“名传天下，声彻闺阁”。散曲只有小令六首，套数两首。

双调折桂令·梦中作

半窗幽梦微茫，歌罢钱塘，赋罢高唐。风动罗帏，爽入疏棂，月照纱窗。缥缈见梨花淡妆，依稀闻兰麝余香。唤起思量，待不思量，怎不思量。

朱权《太和正音谱》云：“郑德辉之词如九天珠玉。”又云：“其词出语不凡，若咳唾落乎九天，临风而生珠玉，诚杰作也。”他的作品构思之奇，用词之美，确实不同凡响。这支小令，以梦后的感觉，表现相思之苦，手法也奇巧新颖。首句显示一种仿佛迷离的意蕴，窗户半开，若明若暗。幽幽的梦境，似乎越来越缥缈朦胧了。“歌罢”“赋罢”两句，用两个典故含蓄地表现梦中的欢会。这两个“罢”字，是对风流云散的强调，并带出下文梦醒的描写。“风动”“爽入”“月照”

三句，写醒后所见。凉风、明月，吹醒了人，照破了梦。但梦中一切，还历历在目，梦醒了似乎还在梦中。“依稀”句，则写如见其人，如闻其香。梦是幻觉，而幻觉之外，又有幻觉，这奇特的描写，恰好表现出思恋的缠绵悱恻。末三句，点明曲意。“思量”一语，三次反复出现，一唱三叹，使人真切地感受到一往情深无法割舍的相思之苦。

睢景臣

睢景臣（生卒年不详），字景贤，江苏扬州人。大德七年（1303）赴杭州居留。自幼读书勤奋，仕途上却不得志。《录鬼簿》说他："心性聪明，酷嗜音律。"曾有杂剧《屈原投江》等三种，今佚。散曲现存套数三篇。

般涉调哨遍·高祖还乡

【哨遍】社长排门告示，但有的差使无推故，这差使不寻俗：一壁厢纳草除根，一边又要差夫，索应付。又言是车驾，都说是銮舆，今日还乡故。王乡老执定瓦台盘，赵忙郎抱着酒葫芦。新刷来的头巾，恰糨来的绸衫，畅好是妆么大户。

【耍孩儿】瞎王留引定火乔男女，胡踢蹬吹笛擂鼓。见一彪人马到庄门，匹头里几面旗舒。一面旗白胡阑套个迎霜兔，一面旗红曲连打着个毕月乌；一面旗鸡学舞，一面旗狗生双翅，一面旗蛇缠葫芦。

【五煞】红漆了叉，银铮了斧，甜瓜苦瓜黄金镀。明晃晃马镫枪尖上挑，白雪雪鹅毛扇上铺。这几个乔人物，拿着些不曾见的器仗，穿着些大作怪衣服。

【四煞】辕条上都是马，套顶上不见驴，黄罗伞柄天生曲，车前八个天曹判，车后若干递送夫，更几个多娇女，一般穿着，一样妆梳。

【三煞】那大汉下的车，众人施礼数。那大汉觑得人如无物。众乡老展脚舒腰拜，那大汉挪身着手扶。猛可里抬头觑，觑些时认得，险气破我胸脯。

【二煞】你身须姓刘，你妻须姓吕，把你两家儿根脚从头数，你本身做亭长耽几盏酒，你丈人教村学读几卷书。曾在俺庄东住，也曾与我喂牛切草，拽坝扶锄。

【一煞】春采了桑，冬借了俺粟，零支了米麦无重数。换田契强秤了麻三秆，还酒债偷量了豆儿斛。有甚糊涂处，明标着册历，现放着文书。

【尾声】少我的钱差发内旋拨还，欠我的粟税粮中私准除。只道刘三谁肯把你揪扯住，白甚么改了姓更了名、唤做汉高祖！

据《史记·高祖本纪》载，公元前195年，天下大定。汉高祖刘邦便回到故乡沛县，召集父老亲朋，畅聚一番。“沛父兄诸母故人日乐饮，极欢，道故旧为笑乐。”皇帝衣锦还乡，这桩盛事一直为文人雅士津津乐道。元代，白朴写过杂剧《高祖归庄》，张国宾写过《汉高祖衣锦还乡》，均失传。此曲也描绘皇帝衣锦还乡的盛况，其艺术构思则精巧绝伦。作者选择了很有趣的视角，让一切景象由作为旁观者的乡巴佬眼中道出。起首一曲，写沛县乡民准备迎驾，扰扰攘攘，充满喜剧色彩。【耍孩儿】【五煞】写皇帝的仪仗队，那旌旗卤簿侍卫人员，一队队走过，乡巴佬觉得这些东西稀奇古怪，颠颠倒倒。

他似懂非懂，莫名其妙。还把庄严的仪仗和日常所见的牲畜、农具联系起来，令人忍俊不禁。【三煞】以下写乡巴佬认出了刘邦，他历数刘邦的出身、行为，还大骂刘邦为了逃债，故意改名为汉高祖。【尾声】数句，骂得无知，骂得有趣，极具嘲弄意味。全曲谐趣而又锋利，幽默而又深刻，它像一根闪着冷光的魔棍，批郤导窾，洞幽烛微，把以为不可一世的封建统治者逗弄得哭笑不得。钟嗣成说此曲“制作新奇”，说同类题材的作品“皆出其下”。在封建时代，睢景臣敢于剥下皇帝的龙袍，能发人之所未发，实在很不容易。过人的胆略，精巧的构思，生动活泼的语言，使此曲在我国文学史上获得了很高的赞誉。

范 康

范康（生卒年不详），字子安，杭州人。曾编《杜子美曲江池》杂剧，已佚。现存《竹叶舟》一剧。散曲仅存小令四首，套数一篇，内容均为抒发旷达的情怀。

仙吕寄生草

长醉后方何碍，不醒时有甚思，糟腌两个功名字，醅淹千古兴亡事，曲埋万丈虹霓志。不达时皆笑屈原非，但知音尽说陶潜是。

范康留下四首【寄生草】，总题《酒色财气》。这是其中第一首。蒋一葵《尧山堂外纪》误以为白朴所作。全曲七句，俱环绕“酒”字来写。首两句说，只有长醉，方可无碍于人，一切平安；只有不醒，才可精神麻木，什么也不想。表面看来，思想十分颓废。中间三句是全篇警策。本来，功名事业，家国兴亡，雄心壮志，均属正事、大事；而且，从“两个”“千古”“万丈”等数目的递增，也可以看出一件事比一件事重要。但是，诗人认为，这一切，都应付之与酒，一醉了事，什么也不用管。喝的酒，也不必好酒，只需平常的浊酒、贱酒。可见，他对正事、大事，十分鄙屑。三句中“腌”“淹”“埋”三字，显示浸渍深浅程度有所区别，而越是正事、大事，酒便浸渍越深，表明诗人对它越是轻视。末两句，嘲笑屈原的迂阔，赞赏陶渊明的潇洒，摆出一副游戏人生的姿态。其实，此曲说的都是反话，是在激愤之余对世道的冷嘲。外表的洒脱不羁，正是愤世嫉俗心情的曲折表现。所以李调元《雨村曲话》评此曲“命意做词，俱臻绝顶”。

曾　瑞

曾瑞（生卒年不详），字瑞卿，号褐夫，河北大兴（今北京大兴）人。后移居杭州，靠朋友接济为生。《录鬼簿》说他“神采卓异”“志不屈物”。他写过杂剧《才子佳人误元宵》，亦工画山水。现存散曲一百一十二首，题材以闺情为多。

南吕骂玉郎过感皇恩采茶歌·闺中闻杜鹃

【骂玉郎】无情杜宇闲淘气，头直上耳根底，声声聒得人心碎。你怎知，我就里，愁无际。【感皇恩】帘幕低垂，重门深闭。曲阑边，雕檐外，画楼西。把春酲唤起，将好梦惊回。无明夜，闲聒噪，厮禁持。【采茶歌】我几曾离这绣罗帏？没来由劝我道不如归！狂客江南正着迷，这声儿好去对俺那人啼。

此曲纯以闺中人内心独白的形式表达闺情。杜鹃在歌唱，意味着春意阑珊。春光易逝，好景难再，这自然勾起了闺中少妇对远在江南的丈夫的思念。此曲巧妙之处，在于它不直写少妇对丈夫的感情，只写她指责那勾起她烦愁的杜鹃。曲的首句，没头没脑地说杜鹃“无情”“闲淘气”，形象地表现出闺中人心烦意乱的情感。跟着，写杜鹃不问场合，不管白天黑夜，时时乱叫，“声声聒得人心碎”。通过层层铺排以及直露真率的描写，便淋漓尽致地刻画出闺中人的内心世界。结尾四句，是全曲最精警的一笔。作者就“不如归去”的啼声，用少妇的口吻，埋怨杜鹃找错对象，说它不应该向没有离家的闺中人絮聒，而应该啼向那“江南正着迷”的“狂客”。这对杜鹃的指责，出人意料，却合情合理，它更深一层地表达了闺中人盼望丈夫早日归来的心情。李开先《词谑》云“世称诗头曲为尾，又称豹尾，必须急并响亮，含有不尽之意”，并把此曲“我几曾离”几句，划入“豹尾”之列，准确地看到它不同凡响之处。

施　惠

施惠（生卒年不详），字君美，浙江杭州人。《录鬼簿》称他“居吴山（今杭州南）城隍庙前，以坐贾为业。”又说他“诗酒之暇，惟以填词和曲为事”。传说他是南戏《拜月亭》的作者。散曲仅存套数一篇。

南吕一枝花·咏剑

【一枝花】离匣牛斗寒，到手风云动。插腰奸胆破，出袖鬼神伏，正直规模。香檀把虎口双吞玉，沙鱼鞘龙鳞密砌珠。挂三尺壁上飞泉，响半夜床头骤雨。

【梁州第七】金错落盘花扣挂，碧玲珑镂玉妆束，美名儿今古人争慕。弹鱼空馆，断蟒长途；逢贤把赠，遇寇即除。比莫邪端的全殊，纵干将未必能如。曾遭遇净朝才烈士朱云，能回避叹苍穹雄夫项羽。怕追陪报私仇侠客专诸。价孤，世无，数十年是俺家藏物。吓人魂，射人目，相伴着万卷图书酒一壶，遍历江湖。

【尾声】笑提常向尊前舞，醉解多从醒后赎。则为俺未遂封侯把他久担误。有一日修文用武，驱蛮静虏，好与清时定边土。

这是一篇宝剑篇，它既咏剑，又托物寄意，表达剑主人的胸襟胆略以及磊落不平的情怀。【一枝花】开篇四句，以工整的对偶句式概括描写宝剑的神威，令人气慑。跟着写剑把，写剑鞘，写它外形的华美，写它剑质的锋利，写它具有半夜鸣响的灵性。经过层层渲染，这把不平凡的宝剑便凸现在读者的眼前。【梁州第七】则主要写这把剑的经历，它曾在侠客、英雄、能人、忠臣的手中辗转相传。"逢贤把赠，遇寇即除"，多少年来，它愿意把自己奉献给正义的人物和正义的事业，却不愿为愚鲁的匹夫效力。由于此曲所用典故，句句与剑相关，这种反复铺陈而又藏而不露的独特手法，很能表现宝剑的品格。从"数十年是俺家藏物"开始，则写剑的归宿和剑主人公的处境。它和他朝夕相伴，过得逍遥惬意，但淡泊生涯和从前轰轰烈烈的情景，毕竟是大不一样了。【尾声】专写剑主人公的心情。"则为俺未遂封侯把他久担误"，这喟叹为全曲点题。末尾写剑主人公的理想与抱负，吐属如虹。此曲在构思上把剑与剑的主人互相映照。写剑，实即写剑的主人。作者把剑的锋利华美写得越充分，就越显出剑主人的雄才大略，也越显出他在现实生活中蹭蹬不遇的可悲。施惠留存下来的散曲，仅此一首。从其布局谋篇之精到，用词遣句之雄俊，足见他是曲坛的高手。《录鬼簿》说施惠"巨目美髯，好谈笑"。了解他豪爽的性格，有助于对《咏剑》格调的理解。

张可久

张可久（约1268—1348），字伯远（一作仲远），号小山，庆元（今浙江宁波鄞州）人。一生屈居下僚。只当过路吏、典史等小官，还做过昆山县的幕僚，仕途上不很得意。平生好遨游，足迹遍江南各地。晚年居杭州。工诗词，其散曲与乔吉齐名，被称为“双璧”。现存散曲八百余首，风格以清丽、雅正为主，影响很大，对提高散曲的文学地位，具有一定的推动作用。有《苏堤渔唱》《小山北曲乐府》《小山乐府》等。今存小令八百多首，内容以表现闲逸情怀为主。

黄钟人月圆·春晚次韵

萋萋芳草春云乱，愁在夕阳中，短亭别酒，平湖画舫，垂柳骄骢。一声啼鸟，一番夜雨，一阵东风。桃花吹尽，佳人何在，门掩残红。

此曲首两句，分别点出春与晚。芳草萋萋，春云缭乱，夕阳笼罩，雾霭凄迷。暗淡的景色表现心情的怅惘，是情景交融的写法。“短亭”三句，是对过去送别情景的回忆。那时，举杯送行，依依惜别，水陆分途，各奔前程。曲中逐一指出湖、船、柳、马，历历在目，以此表现思念之深。“一声啼鸟”三句，既是春晚实景，又使意境深化。啼鸟声打断了诗人的沉思，使他从迷惘中回到现实，而春夜的风雨，也是分别后经历的人生波折的写照。结尾三句，顺着风吹雨打的描写，化用唐代崔护“去年今日此门中，人面桃花相映红。人面不知何处去，桃花依旧笑春风”的诗意，抒发离愁别恨。“佳人何在”，正是作者春晚时分愁思起伏的原因。此曲以写景见长，景语又是情语，而所写的眼前景物，多与故实相关，显得典雅工丽，倍能体现缠绵委婉的情味。张德瀛《词征》评此曲“丰约中度，旋复回环”，此论颇是。它在表达情感时注意分寸，描写景色时又注意前后映照，应属散曲中的精品。

中吕山坡羊·闺思

云松螺髻，香温鸳被，掩春闺一觉伤春睡。柳花飞，小琼姬，一声“雪下呈祥瑞”。团圆梦儿生唤起。“谁?”不做美。“呸!”却是你!

这是一幅闺中生活的剪影。首两句写少妇的睡态。螺髻、鸳被，表明这是一位已婚的女性；云松、香温，表明她正睡得香甜。第三句连下两个春字，强调这特定的时序。在万物昭苏的春天，她倒是深锁闺中，掩门酣睡，慵倦的体态，空虚的心态，与春天显得多么不协调。“柳花飞”四句，写少妇被小丫头吵醒的情态。春天，柳絮因风，像雪花那样漫天飞舞。天真烂漫的小丫头以为下雪，一声欢叫，冷不防惊醒了少妇的好梦。“团圆梦”三字，说明梦的内容，也暗示她眼下形单影只，只能在梦中与夫婿相聚的生涯。末四句写她梦醒的神态。悠然而醒，梦境难寻，她一肚子不开心；稍一定神，发现不作美者原来是无知的小丫环。这一来，除了懊恼，实在也无可奈何。王世贞《艺苑卮言》说这几句是“情中俏语”，的确，作者以口语入曲，把少妇伤春的神韵描绘得栩栩如生。唐代金昌绪有《春怨》一诗：“打起黄莺儿，莫叫枝上啼。啼时惊妾梦，不得到辽西。”写思妇担心好梦会被惊破。此曲写思妇的好梦忽被惊破，并以一位连雪花、柳絮也搞不清，更不懂得什么叫做伤春的小丫头与少妇作反衬，产生了戏剧性的效果。这一写法，充分发挥了散曲穷形尽相之所长。

越调凭栏人·江夜

江水澄澄江月明，江上何人搊玉筝？隔江和泪听，满江长叹声！

江上听琴，水声乐韵，最易引人遐想。此曲先写月夜江景，水月映照，空灵明净，给人感受到澄澈宁谧的气氛。在月色中，不知是谁弹起玉筝，打破四周的寂寥，添增了神秘幽婉的韵味。第三句则是从听筝人的神态，以背面傅粉的艺术手法，烘托筝声所表达的哀伤感情。第四句写江涛澒洞，它像是被筝声勾起深沉的叹息。这样的写法，又把感伤之情推进一步。此曲每句不离“江”字，对江的具体描写也不多，倒是通过那哀婉的筝声，让读者想象并领略江夜的意蕴。据朱权《太和正音谱》卷首“善歌之士”条载：“善歌者蒋康之，于癸未春渡南康，夜泊彭蠡之南。其夜将半，江风吞波，山月携岫，四无人语。康之叩舷而歌‘江水澄澄江月明’之词，湖上之民，莫不拥衾而听；推窗出户，是听者杂合于岸。少焉，满江如有长叹之声，至此声誉越远矣。”这段文字，可以帮助我们玩味此曲的神韵。

正宫醉太平·叹世

人皆嫌命窘，谁不见钱亲？水晶环入面糊盆，才沾粘便滚。文章糊了盛钱囤，门庭改做迷魂阵，清廉贬入睡馄饨。葫芦提倒稳。

《涵虚子论曲》提到张可久时，指出他的作品“清而且丽，华而不艳，有不吃烟火食气。真可谓不羁之才”。若就张久可散曲的总体风格而言，这话不错，但说他不吃人间烟火，则显属偏颇。此曲标题为叹世，表现出愤世嫉俗的入世情感。而且笔锋尖利，嬉笑怒骂，自成一格，这说明张可久的散曲虽以清丽为主，却也有辛辣诙谐的一面。“人皆嫌命窘，谁不见钱亲”两句，把人世间温情脉脉的面纱戳穿，开门见山地把全曲主题和盘托出。三、四句形象地写“见钱亲”的模样，作者以水晶环坠入面糊盆，变得一塌糊涂，比喻即使是纯洁的人，见了钱也立即沾黏上它，一起同流合污。五、六、七句是鼎足对，三句分写世人“见钱亲”所产生的三种丑恶后果：济世致用的文章成了敛财的工具；显赫的家世成了骗取钱财的圈套；清廉的品德被贬为愚蠢无能的软蛋。总之，才学、家声、品德，原来最受人重视，而在“见钱亲”的现实生活中，其价值完全被颠倒，甚至成为弄虚作假、为非作歹的资本。最后一句，以反话作结。作者表示，难得糊涂，在污浊的人间，对人对事，混沌糊涂，最为稳妥。这幽默的态度，其实是用以掩饰内心的愤懑。此曲以口语俗语写俗事浊事，形式和内容得到很好的结合。

南吕一枝花·湖上晚归

长天落彩霞，远水涵秋镜。花如人面红，山似佛头青。生色围屏，翠冷松云径，嫣然眉黛横。但携将旖旎浓香，何必赋横斜瘦影。

【梁州】挽玉手留连锦英，据胡床指点银瓶，素娥不嫁伤孤另，想当年小小，问何处卿卿？东坡才调，西子娉婷，总相宜千古留名。吾二人此地私行，六一泉亭上诗成。三五夜花前月明，十四弦指下风生。可憎，有情，捧红牙合和伊州令。万籁寂，四山静，幽咽泉流水下声。鹤怨猿惊。

【尾】岩阿禅窟鸣金磬，波底龙宫漾水精，夜气清，酒力醒；宝篆销，玉漏鸣。笑归来仿佛二更，煞强似踏雪寻梅霸桥冷。

张可久长期生活在杭州，散曲多以湖边景色为题材。如【红绣鞋】春日湖上、西湖雨，【水仙花】西湖秋夜，【阅金经】湖上寒食等曲，各有特色，其中最受人称誉的，就是这套【湖上晚归】。明代李开先、沈德符均把它与马致远的【双调夜行船】套曲《秋思》相提并论。说是“古今绝唱”“一时绝唱”。此曲的【一枝花】，着重写黄昏时分的湖光山影，在绚烂明丽、清幽绝伦的景色中，与女伴携手同行，诗意盎然。湖的美，人的美，交相辉映。“但携将旖旎浓香，何必赋横斜瘦影”，把携美人和赋梅花相比，认为恣情地享受胜于高雅的归隐，这是全曲的核心思想所在。【梁州】写在湖边携美人行乐、看花、饮酒、吟诗、赏月、听乐的情景。在这良辰美景之中，拥有醇酒美人，占尽诗情画意。似乎人间之乐无过于此。曲中提到当年名妓苏小小，既切合湖边景色，也指明了“吾两人此地私行”的另一个人的身份。【尾】曲写在湖边玩到深夜。那时月落波心，萧寺钟鸣，更阑酒醒，才尽欢归去。曲末两句，说风流生活胜过孟浩然的风流生涯，又一次透露这及时行乐的韵事，其实也是一种避世的方式。整套曲，通过写景物的变化，表明诗人在湖上从黄昏玩到深夜。他惬意而来，惬意而归，畅逸欢快的心情与宁静幽雅的湖景交融在一起，构成了高雅的情趣。值得注意的是，此套曲文或巧妙地运用典故，或化用前人诗词，圆熟自然，恰到好处，显得文采斐然。李开先在《词谑》中说张可久“炼成万转金铁躯”，正是十分赞赏他能把俊词丽句融诸一炉，形成自己清劲风格的能力。

乔　吉

乔吉（1280—1345），字梦符，号笙鹤翁，又号惺惺道人。山西太原人，流寓杭州。一生穷愁潦倒，寄情诗酒，故散曲多啸傲山水和青楼调笑之作。现存杂剧《两世姻缘》等三种，小令二〇九首，套数十一篇。人们对他的散曲评价很高。刘熙载在《艺概》中称他为“曲中翘楚”。

中吕满庭芳·渔父词

秋江暮景，胭脂林障，翡翠山屏。几年罢却青云兴，直泛沧溟。卧御榻弯的腿痛，坐羊皮惯得身轻。风初定，丝纶慢整，牵动一潭星。

乔吉写了《渔父词》二十首，这是原曲的第十六首。以渔父为题材的作品，一般写得萧疏飘逸，这首却在恬淡中透出豪俊不凡之气。开首三句，写秋天傍晚江边的景色。红的枫林，绿的峰峦，相映成趣。诗人用胭脂、翡翠等字眼形容幽雅的环境，倒透露出他入世颇深未能脱俗的心态。“几年罢却青云兴”两句，是对过去生活的回顾。诗人承认有过青云之兴，有过仕宦求官的抱负，只是后来把它抛却，回到大自然的怀抱中。这一进一退，显示对人生态度的转变。“卧御榻”两句，是对目前生活的感受，诗人化用严光的典故，实际上是以严光自比。“坐御榻”比喻享受最高礼遇，但拘谨局促，不是滋味；“坐羊皮”比喻笑傲江湖，无官一身轻，乐得自由自在。末三句正面描写渔父在江边垂钓的神态。“牵动一潭星”，气势飞动，意境开阔。是景语，却又语带双关，它展现出渔父的情怀胸襟。古人以执掌丝纶与掌管朝政联系起来。渔父垂钓，牵动水影中的星斗，心境的豪逸可以想见。全曲酣写隐逸者乐于避世又不甘寂寞的内心矛盾。同时，把典故和俗语糅合在一起，于典雅中有天籁，于婉丽中有洒脱，充分显现作者在艺术上的成熟。

双调折桂令·荆溪即事

问荆溪溪上人家：为甚人家，不种梅花？老树支门，荒蒲绕岸，苦竹圈笆。庙不灵狐狸漾瓦，官无事乌鼠当衙。白水黄沙，倚遍阑干，数尽啼鸦。

荆溪是江南胜地，宋代梅尧臣曾有著名的《东溪》一诗，写到荆溪的景色：“野凫眠岸有闲意，老树着花无丑枝”；“短短蒲茸齐似剪，平平沙岸净于筛”。清雅绝伦，令人神往。乔吉也写荆溪，但他看到的是另一种景象。起首三句，问得奇特。按传统的审美观念，梅花是高洁的象征，问荆溪何事不种梅花，这是从反面表现它景色的芜秽。“老树支门”三句，老树、荒蒲、苦竹三组形象，连迭而出，从几个角度渲染荆溪的荒凉粗陋。“庙不灵”两句，是让读者把视线集中到庙宇、官衙这些本来是热闹圣洁的地方。现在，这里一片死寂，只有狐狸鼠鸟在胡作非为。这境况，既概括地展示荆溪的破败，也启发了人们对当时政局的联想。“白水黄沙”三句，以凄迷空廓的全景，映照诗人的心境。末句“数尽啼鸦”化用秦观“寒鸦数点，流水绕孤村”诗意，表现怅惘失落之情。此曲与梅尧臣诗，都写到老树、蒲苇、平沙、野水等形象，但给人的感受却完全不同。两相比较，可以窥见乔吉对现实生活的态度。

双调水仙子·寻梅

冬前冬后几村庄，溪北溪南两履霜，树头树底孤山上。冷风来何处香？忽相逢缟袂绡裳。酒醒寒惊梦，笛凄春断肠。淡月昏黄。

梅花是高洁的象征，古人踏雪寻梅，意味着对高尚品味的追求。此曲入手三句，即从“寻”字落笔。“冬前冬后”，写寻找时间之长，“几村庄”写寻找地域之广。“溪南溪北”与“树头树底”两句则写从山下找到山上。作者极写寻梅之勤，寻梅之艰，正表明爱梅之心切。“冷风来何处香”两句，是意外发现了梅。先写嗅到梅花的香气，后写看到梅花的姿容，配合着“何处”“忽相逢”的点染，层次分明地表现出寻梅时从犹豫到惊喜的神态。最后三句，化用三个典故曲折表达寻见梅花后的心情。“酒醒寒惊梦”是写所见梅花的美。据柳宗元《龙城录》载，隋代赵师雄过罗浮山，遇一白衣女子，对饮甚欢。酒醒后发现自己躺在白梅树下。承上文“缟袂绡裳”，诗人在美丽的白梅面前，觉得自己也像赵师雄那样醉心惬意。不过中间着一“寒”字，便透出一丝怅惘。“笛凄春断肠”，则承“寒”字落墨。李白曾有诗“黄鹤楼前吹玉笛，江城五月落梅花”。诗人也想到春景不能常驻，梅花不能常开，理想不能常在，美好的事物终将逝去，因此在获梅时既是欣喜，又有悲伤。“淡月黄昏”，用林逋“暗香浮动月黄昏”的诗意，既交代寻梅时间，又传出寻梅者的寂寞的心绪。此曲环绕着寻梅写情绪的变化，从寻梅的殷切，遇梅的喜悦，到赏梅时的忽感失落，细致入微，含蓄有味。

双调水仙子·重观瀑布

天机织罢月梭闲，石壁高垂雪练寒。冰丝带雨悬霄汉，几千年晒未干，露华凉人怯衣单。似白虹饮涧，玉龙下山，晴雪飞滩。

乔吉写过一首【水仙子】《乐清白鹤寺瀑布》。美丽的景色，观之不足，再看一番，瀑布雄伟的气势使他感受更深。此曲纯以夸张的笔墨描绘瀑布。前四句把瀑布想象成天上织成的布。天为机，月为梭，是形容瀑布的奇；垂石壁，悬霄汉，是形容瀑布的高；雪练、冰丝是比喻瀑布的颜色；而“几千年晒未干”，则抓住了瀑布似是布实是水的特点，其构思之巧，令人叫绝。“露华凉人怯衣单”，从观瀑者感觉的角度写瀑布。瀑布凉意飕飕，使人怵怯。人的感受和形态，便反衬出瀑布的气势。经过一句句的顿挫，作者让三个音节响亮、形象雄奇的排句，由“似”字领起，一口气倾泻而出。那“白虹饮涧，玉龙下山，晴雪飞滩”，想象力极为丰富的比喻，把瀑布奔腾飞动的神韵和壮丽奇特的景象表现得淋漓尽致。朱权在《太和正音谱》中说："乔梦府之词，如神鳌鼓浪，若天吴跨神鳌，噀沫于大洋，波涛汹涌，有截断众流之势。"此曲所展现的浪漫主义的特色，反映了乔吉创作风格的一个方面。

双调折桂令·丙子游越怀古

蓬莱老树苍云，禾黍高低，孤兔纷纭。半折残碑。空余故址，总是黄尘。东晋亡也再难寻个右军，西施去也绝不见甚佳人。海气长昏，啼鴂声干，天地无春。

越，曾经是民康物阜的地区。可是，当乔吉丙子游越时，情况大变了，进入他眼帘的，是一派荒凉景象。此曲通过描绘越地所笼罩的凄厉气氛，表现对人生和历史问题的思考。前三句，从广阔的空间落笔，只见四处云树低迷，地面上尽是那些象征着改朝换代的庄稼；野狐狡兔，出没于曾经是六代繁华金粉之地的废墟上。跟着，作者把视点收拢到半折残碑和断瓦颓垣上面，那些经历过盛衰的遗物，成了历史的见证。"总是黄尘"一句，总摄题旨。作者说一切事物包括历史，都逃不过灰飞烟灭的命运。这既是对景物的概括，也是对人生的喟叹，情调十分悲凉。进一步举出两个历史人物作为印证：右军、西施，才俊卓绝，但终成尘土。最后三句，是怀古之余对整个时代氛围的感受。海气迷漫，阴霾郁塞是目之所见；杜鹃啼血，声枯力竭是耳之所闻；天地无春，一切失去了希望，是对现实总的评价。一句比一句凄厉，令人不忍卒读。

刘时中

刘时中（？—1324?），名致，号逋斋，石州宁乡（今山西中阳）人。少时随父到广东。其后到湖南、江西等地当地方官，官至翰林待制、浙江行省都事。《全元散曲》收录其小令七十四首、套数四首。一说元代有两个刘时中，写《上高监司》的是另一个潦倒文人。

双调雁儿落带得胜令·送别

【雁儿落】和风闹燕莺，丽日明桃杏，长江一线平，暮雨千山静。【得胜令】载酒送君行，折柳系离情。梦里思梁苑，花时别渭城。长亭，咫尺人孤另；愁听，阳关第四声。

此曲写送别朋友的情和景。前四句写送别时景色。前一联是近景，那是一派和风拂煦，莺燕争春，丽日晴空，繁花满眼的风光。联中着“闹”字、“明”字，境界全出，极写春天温暖明媚，生机勃勃。后一联是远景，放眼长江，平如一线，雨后群山，在夜色中莽莽苍苍，此联涵盖江、山，对举平、静，境界宁谧而壮阔。江南美景，便在远与近、大与小景色的搭配中，得到充分的展现。后八句是别情。“载酒送君行，折柳系离情”，实写握手临岐的情况。“梦里思梁苑，花时别渭城”，从推知别后思念之深，表现送行时的难分难舍，结句则从视觉和听觉方面引起的感受，写分别时心境的惆怅。这八句，虚实结合，腾挪跌宕，很能传达与挚友分别时内心的苦恼。从总体上看，此曲极写江南景色的绚丽明媚，使之与送别者黯然销魂的心情做反衬，颇能引起“以乐境写哀，以哀景写乐，一倍增其哀乐”（王夫之语）的艺术效果。

正宫端正好·上高监司

【端正好】众生灵遭磨障，正值着时岁饥荒。谢恩光拯济皆无恙，编做本词儿唱。

【滚绣球】去年时正插秧，天反常，那里取若时雨降？旱魃生四野灾伤！谷不登，麦不长，因此万民失望。一日日物价高涨。十分料钞加三倒，一斗粗粮折四两：煞是凄凉。

【倘秀才】殷实户欺心不良，停塌户瞒天不当，吞象心肠歹伎俩：谷中添秕屑，米内插粗糠，怎指望他儿孙久长！

【滚绣球】甑生尘老弱饥，米如珠少壮荒。有金银那里每典当？尽枵腹高卧斜阳。剥榆树餐，挑野菜尝。吃黄不老胜如熊掌，蕨根粉以代糇粮。鹅肠苦菜边根煮。荻笋芦蒿带叶咗，则留下杞柳株樟。

【倘秀才】或是捶麻柘稠调豆浆，或是煮麦麸稀和细糠。他每早合拿擎拳谢上苍。一个个黄如经纸，一个个瘦似豺狼，填街卧巷。

【滚绣球】偷宰了些阔角牛，盗斫了些大叶桑。遭时疫无棺活葬，贱卖了些家业田庄。嫡亲儿共女，等闲参与商。痛分离是何情况？乳哺儿没人要撇入长江。那里取厨中剩饭杯中酒，看了些河里孩儿岸上娘，不由我不哽咽悲伤。

【倘秀才】私牙子船湾外港，行过河中宵月朗，则发迹了些无徒米麦行。牙钱加倍解，卖面处两般装，昏钞早先除了四两。

【滚绣球】江乡相，有义仓，积年系税户掌。借贷数补答得十分停当，都侵用过将官府行唐。那近日劝粜到江乡，按户口给月粮，富户都用钱买放，无实惠尽是虚桩。充饥画饼诚堪笑，印信凭由却是谎，快活了些社长知房。

【伴读书】磨灭尽诸豪壮，断送了些闲浮浪。抱子携男扶筇杖，尪羸伛偻如虾样。一丝好气沿途创，阁泪汪汪。

【货郎儿】见饿殍成行街上，拦门乞丐斗枪。便财主每也怀金鹄立待其亡。感谢这监司主张，似汲黯开仓。披星戴月热中肠，济与粜亲临发放。见孤孀疾病无皈向，差医煮粥分厢巷，更把赃输钱分例米多般儿区处的最优长。众饥民共仰，似枯木逢春，萌芽再长。

【叨叨令】有钱的贩米谷置田庄添生放，无钱的少过活分骨肉无承望；有钱的纳庞妾买人口偏兴旺，无钱的受饥馁填沟壑遭灾障。小民好苦也么哥，小民好苦也么哥！便秋收鬻妻卖子家私丧。

【三】这相公爱民爱国无偏党，发政施仁有激昂。恤老怜贫，视民如子，起死回生，扶弱摧强。万万人感恩知德，刻骨铭心，恨不得展草垂缰！覆盆之下，同受太阳光。

【二】天生社稷真卿相，才称朝廷作栋梁。这相公主见宏深，秉心仁恕，治政公平，莅事慈祥。可与萧曹比亚，伊傅齐肩，周召班行。紫泥宣诏，花衬马蹄忙。

【一】愿得早居玉笋朝班上，伫看金瓯姓字香。入阙朝京，攀龙附凤，和鼎调羹，论道兴邦。受用取貂蝉济楚。衮绣峥嵘，珂佩丁当。普天下万民乐业，都知是前任绣衣郎。

【尾声】相门出相前人奖，官上加官后代昌。活彼生灵恩不忘，粒我蒸民德怎偿！父老儿童细较量，樵叟渔夫曾论讲。共说东湖柳岸旁，那里清幽更舒畅，靠着云卿苏圃场，与徐孺子流芳挹清况。盖一座祠堂人供养，立一统碑碣字数行，将德政因由都载上，使万万代官民见时节想。

刘时中的《上高监司》是元散曲中最长的套数。全文共两套，是作者以散曲形式向高监司献呈的两通说帖。这里所选的是前套。在曲的开头作者说：“谢恩光拯济皆无恙，编做本词儿唱。”可见本意是要歌颂高监司的德政。但当具体写到高监司的拯厄扶危，就不能不如实地反映社会现实。这一来，作者便以淋漓的笔墨向读者揭示了元代人民悲惨的生活面貌。【滚绣球】一曲，由天旱无语说到缺粮，由缺粮说到灾荒，特别强调物价高涨引起的严重后果。叙述脉络清晰，具有提纲挈领的作用。跟着，作者对饥民痛苦的生活，做了细致的刻画。当时米珠薪桂，人民只好以野菜充饥，“连根煮”，“带叶咥”，活画出灾民的饥不择食、狼吞虎咽的形象。继而卖儿卖女，卖不出去只好“撇入长江”。作者以饱蘸血泪的笔触，勾勒出一幕幕哀鸿遍野的景象。有关灾情方面，此套以【滚绣球】【倘秀才】两曲轮番地描述，旋律的反复，有助于加强读者认识的作用，以【滚绣球】的最后一曲开始，曲式有所变化，内容也以揭露奸商贪吏在灾难中大发横财为主。那些投机商贩，倒卖米粮，而有权有势者则强取豪夺，把义仓占为己有，作者愤怒地控诉："般实户欺心不良，停塌户瞒天不当"，真是一掴一个血痕，充分表现出鲜明的爱憎。值得注意的是，此曲叙述江西的旱灾，着力抓住的是缺水导致缺粮，由缺粮导致"般实户""停塌户"以及"社长知房"之类"乘机"搜刮这一点。这就让人看到，江西人民的灾难，天灾只是诱因，根源在于人祸。作者锐利深刻的眼光于此可见。就艺术风格而言，全套朴实无华，以赋的手法铺陈已见。刘载熙在《艺概·词曲概》中说："词如诗，曲如赋，赋可以补诗之不足者也。"所谓赋，就是铺陈。此曲汪洋恣肆，叙述时层层展开，又以大量生活口语入曲，很能体现散曲的艺术特点。

薛昂夫

薛昂夫（约1277—1350），本名薛超兀儿，一作超吾，回鹘（今维吾尔族）人。汉姓马，字九皋。曾官江西行中书省令史、池州路总管等，晚年辞官闲居杭州。赵孟頫说他是“西戎贵胄”。与杨载、虞集、萨都剌友善。善篆书。散曲多连章之作，意境阔大，独出心裁。现存小令六十五首，套数三篇。

正宫塞鸿秋

功名万里忙如燕，斯文一脉微如线，光阴寸隙流如电，风雪两鬓白如练。尽道便休官，林下何曾见？至今寂寞彭泽县。

在封建时代，一些人不满现实，或者屈居下僚，往往遁迹山林，以消极、不合作的态度表示对统治集团的抗议。而一些达官贵人，为了表示不恋栈功名富贵，也往往大唱归隐之调，以示清高，有些人甚至以隐逸为名，追求名利，走“终南捷径”。总之，以隐相标榜者，多如过江之鲫。此曲以冷峭的笔锋，一针见血地戳穿了那些大唱“隐逸”高调者的虚伪面目。

开首四个排句，是种种“隐者”的论调：有人叹息在万里外谋取功名，奔波劳碌，不如归隐；有人叹息光阴飞逝，年华易老，人生无常，不如归隐；有人叹息世道衰微，礼崩乐坏，不如归隐。“尽道”两句，直用灵澈《东林寺酬韦丹刺史》：“相逢尽道休官去，林下何曾见一人”，此曲在“尽道”和“休官”之间，加一“便”字，让那些隐者表示立即“休官”，表示心情迫切，于是便显出了虚伪的嘴脸。结句说真正的隐者陶潜，至今仍十分寂寞，因为从来没有人陪他去做隐士，人们都是说说而已。这幽默的讽刺，使人不禁失笑。王德渊在《九皋诗集序》称：“薛昂夫诗词清秀飘逸，如龙驹奋迅，有并驱八骏，一日千里之想。”此曲也写得结构严整而气势飘逸。在语言运用上，首四句用以“如”字连贯，累累如珠，复以“尽道”“至今”从横纵两个方面总揽，极具血脉流注、一气呵成之妙。

双调楚天遥过清江引

【楚天遥】有意送春归，无计留春住，明年又着来，何似休归去。桃花也解愁，点点飘红玉，目断楚天遥，不见春归路。【清江引】春若有情春更苦，暗里韶光度。夕阳山外山，春水渡傍渡。不知那搭儿是春住处。

薛昂夫有三首《楚天遥过清江引》均写伤春情绪。此曲起首两句即写送春的苦恼。郑重地把春送走，是因为无计把春留住。两句相对成文，正好表现诗人送不得春，又不得不送春的矛盾。三、四句是问春，问它何必归去。问得似乎有理，其实没有道理。因为春也不能自主。而这莫名其妙的发问，却表明诗人的惜春情意。五、六句写桃花飘零，点明暮春景色恶。也是春天无言的回答。它无计留下，可也希望留下，片片落红，宛若愁泪。诗人把春愁拟人化，映照自己的心境，显得迷离恍惚，极富韵味。七、八句是寻春，诗人目送春天的背影，看不见春归何处。这是进一步渲染把春天送走以后心情的索寞。下叠【清江引】，接过寻春话题，翻进一层，说连春天也找不到自己的归宿，而时光却在不知不觉中溜走，春心更加惨淡。末三句仍从“寻”字落笔。春天也许到了山外之山，水外之水，诗人彷徨四顾，没有着落，心灵只剩下一片空白。此曲让被送的春，和送春人的感情融合在一起，回环往复地抒发，而“春”字又连绵不断地呈现，极具婉曲流丽之美，使人读来余香满口。

钟嗣成

钟嗣成（1279？—1360？），字继先，号丑斋，汴梁（今河南开封）人，居杭州。屡试不第，遂不屑为官，杜门不出，从事著述。所著《录鬼簿》一书，记述元代作家作品，是研究元代戏曲和散曲的重要资料。现存散曲小令十九首，套数一篇。

正宫醉太平

绕前街后街，进深院大宅，怕有那慈悲好善小裙钗，请乞儿一顿饱斋，与乞儿绣副合欢带，与乞儿换副新铺盖，将乞儿携手上阳台，救贫咱波奶奶！

此曲模仿乞儿口吻，写乞儿沿门托钵。他一边乞讨一边想入非非。他希望碰上一个“小裙钗”，既给他吃喝，也供他玩乐。你看他想得多美：那女人首先给他吃得饱饱的，跟着给他穿得好好的，最后和他玩得美美的。结句乞儿呼叫：救贫咱波奶奶，有双关的含义。此曲戏谑色彩十分浓烈，那风流乞儿的形象，实际上是落魄文人的写照。元代知识分子地位卑下，当时有“九儒十丐”之说，一些人不满现实，却又无力反抗，便采取自轻自贱、玩世不恭的态度发泄牢骚。钟嗣成巧妙把“儒”和“丐”结合起来，既写儒沦为乞丐的可怜，又写他不觉得有什么可怜，还在异想天开，盼望着飞来艳福呢！当然，这乞儿的形象十分可笑，但在可笑行为的背后，作者是要透露他不在乎贫贱和蔑视现实的情绪。这种寓庄于谐的艺术手法，在元散曲中独具一格。

周德清

周德清（1277？—1365），号挺斋，高安（今属江西）人。宋代著名词人周邦彦的后裔。对音律很有研究。著有《中原音韵》一书，总结北曲用字、用韵等格式上的规律。他创作的散曲，音节流畅，风格清丽。现存小令三十一首，套数三首。

中吕满庭芳·看岳王传

披文握武，建中兴庙宇，载青史图书。功成却被权臣妒，正落奸谋。闪杀人望旌节中原士夫，误杀人弃丘陵南渡銮舆。钱塘路，愁风怨雨，长是洒西湖。

此曲是读岳飞传后的感想，关于岳飞的才能和业绩，已成定论。作者只作概括性的介绍。全曲最精警的两句是："闪杀人望旌节中原士夫，误杀人弃丘陵南渡銮舆。"上句说岳飞一死，人民的希望成了泡影。下句则把矛头指向皇帝。正是那把祖宗陵墓扔了的皇帝，下旨处决岳飞，贻误国家。与周德清处在同一时代的赵孟頫，在《岳鄂王墓》一诗中也说："南渡君臣轻社稷，中原父老问旌旗。"这表明元代人对岳飞悲剧的认识，已经不是停留在忠奸斗争的问题上。他们看到，最高统治者应对此负责。到明代，文徵明在【满江红】词中写道："念徽、钦一返，此身何属，千载休言南渡错，当时只怕中原复，笑区区一桧有何能，逢其欲。"指出岳飞之死，咎在皇帝，更是目光如炬。咏史之曲，需要切中历史的本质。周德清此曲赞扬英雄岳飞，鞭挞秦桧的妒才，揭露皇帝的误国，爱憎分明，褒贬恰当，义正词严，在元散曲中，像它那样具有正面教育意义的作品，并不多见。

双调折桂令·自嗟

倚蓬窗无语嗟呀，七件事全无，做什么人家。柴似灵芝，油如甘露，米似丹砂。酱瓮儿恰才梦撒，盐瓶儿又告消乏。茶也无多，醋也无多，七件事尚且艰难，怎生教我折柳攀花！

此曲语言质朴流畅，明白如话，却能引起人的内心激荡。宋代吴自牧《梦粱录》指出："盖人家每日不可缺者，柴米油盐酱醋茶。"周德清抓住了元代知识分子"七件事全无"这一现实状况，诉说他们缺少人家每日不可或缺的东西，这就把他们的穷愁潦倒形容到十分。出人意外的是，周德清竟把"七件事"用七句逐件数出，这写法似拙实工，颇能表现出穷士们扳着指头盘算如何过活的神态。加上"做什么人家"，"怎生教我折柳攀花"等反问句，便把穷愁潦倒的士人激愤困惑的神情揭示无遗。吴梅在《顾曲麈谈》中说："挺斋家况奇窘，时有断炊之虞。戏咏开门七件事【折桂令】云云，其贫可想见也。”确实，正因为周德清对贫穷生活有着深切的感受，才能写出这看似平凡却奇崛之作。此曲与钟嗣成的【醉太平】均以第一人称来写，试把两曲做一比较，便可看出元代贫穷知识分子的不同心态，以及不同作家不同的思想面貌。

周文质

周文质（1284？—1334），字仲彬，原籍建德（今属浙江），后移居杭州，曾为路史。钟嗣成《录鬼簿》说他学问渊博，性尚爽侠，曾有杂剧四种。《全元散曲》收录其散曲计小令四十三首，套数五首。

越调寨儿令

挑短檠，倚云屏，伤心伴人清瘦影。薄酒初醒，好梦难成，斜月为谁明？闷恹恹听彻残更，意迟迟盼煞多情。西风穿户冷，檐马隔帘鸣，叮，疑是佩环声。

此曲在描绘“意迟迟盼煞多情”的心情时，颇有自己的特色。“挑短檠，倚云屏”，写抒情主人公等待恋人，枯坐无聊。他有时剔弄灯芯，有时闲倚屏风。“挑”与“倚”两个动作，是那种坐也不是站也不是的神态的表现。“伤心伴人清瘦影”，写等待的孤独。在灯下，只有形影相伴，而连影子都显得瘦骨伶仃可怜巴巴的，这就烘托出等待者日夜思念的痛苦。“薄酒初醒，好梦难成”两句写等待时的懊恼，借酒浇愁的人，酒醒后再无法做与恋人相聚的梦，只能是愁上加愁。在这里，诗人注意捕捉酒后初醒头脑恍惚的状态，因为它最能表现寂寞失落的心绪。“斜月为谁明”，写酒醒后视觉的感受。明月斜挂，不理会人间苦恼，只管照着亮着，“为谁明”三字，问得无理，却写出心情的焦灼。跟着诗人连续写听到更鼓声、风声、檐马声，强调听觉的感受，是从专注的神情表现思念之深。末句“叮，疑是佩环声”，是酒后的幻觉。诗人利用此曲的一字句式，突出“叮”的声音表明听得真切，想得深切，巧妙地写出了殷切期待的心理状态。

贯云石

贯云石（1286—1324），原名小云石海涯，号酸斋，又号芦花道人，维吾尔族人。出身将门。善骑射，后弃武学文，被杨维桢誉为“一代词伯”，官至翰林侍读学士，后归隐江南，变名易姓。现存散曲有小令七十多首，套数八首，风格豪放中见清逸。后人把他和徐再思的散曲合编为《酸甜乐府》。

正宫塞鸿秋·代人作

战西风几点宾鸿至，感起我南朝千古伤心事，展花笺欲写几句知心事，空教我停霜毫半晌无才思，往常得兴时，一扫无瑕疵。今日个病厌厌刚写下两个相思字。

此曲题为《代人作》，其实是要抒发一种说不来的苦恼心情。首句写北雁南飞的秋景。“战西风”，指明大雁的一路艰难。“几点”表明雁队的稀稀落落，给人以寥廓稀疏的印象。第二句写触景兴感。时序的变化，冷清的景物，引发诗人对兴亡的感慨。按此句出于吴激【人月圆】词：“南朝千古伤心事，犹唱后庭花。”面对日益窳败的现实，在诗人脑海中积淀的历史意识，便浮现出来，与悲秋、怀人的愁绪相互缠结。以下各句，均由伤心事而起。第三、四句说想把“伤心事”写给知心人，却又写不出。五、六句是说连自己也奇怪为什么写不出。最后一句说出了挤出“相思”两字以外，什么也写不出。到底那“伤心事”包含着什么内容？为什么他要向人倾诉却又无法倾诉？诗人都没有说，他只想描述自己有话难说有情难诉的心情。这样做，又恰是不写之写，其苦闷困惑、不可名状的心态，就在“写不写”中传出。此曲语言流畅连贯，流动如玉盘之珠；而韵味又极含蓄，很能体现作者爽朗兼具蕴藉的风格。

中吕红绣鞋

挨着靠着云窗同坐，偎着抱着月枕双歌，听着数着愁着怕着早四更过。四更过情未足，情未足夜如梭。天那！更闰一更妨甚么。

此曲写男女欢会时的境况和心情，手法大胆泼辣。首两句写这对恋人从挨着靠着到偎着抱着，从同坐到同枕，把他们整夜缠绵炽热的情态描绘得活灵活现。第三句从恋人听着数着更鼓，到愁听更鼓，怕听更鼓，细致地表现出整个心理变化的过程。选用“四更”这天色欲曙未曙恋人将别未别的时间，也很能表达他们思想的矛盾。以上三句，叠用八个动词，八个衬字，俏皮佻挞，生动有趣。四、五两句，用“顶真”的手法，一句顶接一句，渲染恋人春宵苦短、烦躁不安的心情，具有强烈的感染力。末句写恋人用反问的口吻，希望老天“更闰一更”。这既是无理又是天真的要求，正好显示他们爱得热烈，爱得真挚。此曲构思新巧，而用语通俗。可见贯云石吸取了民间的养分，接受了民歌的影响。

双调殿前欢

楚杯王，忠臣跳入汨罗江。《离骚》读罢空惆怅，日月同光。伤心来笑一场。笑你个三闾强，为甚不身心放。沧浪污你？你污沧浪？

首句以“楚怀王”三字喝起，气势森然。跟着说“忠臣跳入汨罗江”，直接揭露和控诉历史和社会现实的不平。三、四句是诗人对屈原的景仰和对历史的沉思，种种伤感、迷惑、反思，尽在“空怅惘”三字之中。怅惘之余，又忽省悟。第五、六句说伤心转为失笑，笑屈原过于固执，活得不够洒脱，不懂得从“忠臣”的硬壳中自我解放身心，落得可悲的下场。末句以问作结：“沧浪污你？你污沧浪？”诗人连对屈原投江也持非议态度，简直是石破天惊，令人感到不可思议。这样写，表面上荒诞不经，其实，对屈原的讥笑，不过是冷峭苦涩的反话，以摆出玩世不恭的姿态蔑视现实，以说屈原不值得为现实牺牲进而彻底否定丑恶的现实。此曲下半首，抑圣为狂，寓曲于笑，能发人之所未发，是全曲最精警之处。朱权《太和正音谱》说作者散曲风格如“天马脱缰”，此曲命意奇诡洒脱，说明作者的思路确是谁也羁缚不住的。

徐再思

徐再思（生卒年不详），字德可，嘉兴（今属浙江）人。平生好吃糖，故号“甜斋”。曾做过嘉兴路吏，与贯云石、张可久同时。现存散曲有小令一〇三首，内容多是即景抒情和闺情艳情之作。后人把他的作品与贯云石合辑，称《酸甜乐府》，风格以清丽为主。

双调水仙子·夜雨

一声梧叶一声秋，一点芭蕉一点愁，三更归梦三更后。落灯花棋未收，叹新丰孤馆人留。枕上十年事，江南二老忧，都到心头。

游子思家之作，在传统诗歌中是屡见不鲜的。此曲开首以鼎足对表达对羁旅的惆怅，音调错落和谐。说一声桐叶，一点芭蕉，即意味着一声秋意，一点愁思，而桐叶声声，蕉雨滴淅，则秋意无边，愁思无限的意蕴可以想见。曲中以最少的数词，却能包涵最大的容量，耐人寻味。这三句，又连用几个相同的数词和量词，使音节收得很紧，它正好表现忐忑难安的心情。所以，王世贞《艺苑卮言》说它是“情中紧语”，李调元

《雨村曲话》则说它“人不能道”。第四句写归梦忽醒，回到了独宿客舍的现实情景。此曲由宋代赵师秀的名句“有约不来过夜半，闲敲棋子落灯花”脱化而来。残棋未收，灯花已落，是从侧面刻画思乡者梦前以棋解闷，梦后独对孤灯百无聊赖的神态。第五句联系马周遭遇，直接抒发对穷愁潦倒生活的不满。最后三句，则把在孤馆中澒洞的具体内容做最概括的表达。游子思亲、思妻，他仿佛看到和妻子在枕上喁喁细语的景象，看到双亲为他担惊受怕的面容。此曲把游子思绪刻画得细致入微，颇具典型意义。

双调折桂令·春情

平生不会相思，才会相思，便害相思。身似浮云，心如飞絮，气若游丝。空一缕余香在此，盼千金游子何之，症候来时，正是何时？灯半昏时，月半明时。

此曲写得真挚自然，纯乎天籁。题目为春情，写的是少女的恋情。首三句说少女害了相思病，不能自拔，感情波澜起伏。三、四、五句写少女相思的病状，用浮云、飞絮、游丝比喻她病得魂不守舍，恍惚迷离，十分贴切。六、七句写病因，游子一去，徒然留下一缕余香，彼此无法想见，只有望穿秋水地盼望。最后两句点出相思病最难熬的时刻，灯半昏，月半明，夜已阑。半明半暗的光景，最能勾起相思之苦。这意境与李清照【声声慢】词所写“乍暖还寒时候，最难将息”相近。此曲押韵有其特色，开头处连用“思”字三次，结尾处连用“时”字四次。连环重叠，写法大胆而自然，颇得本色之趣。

徐再思擅长写“相思之情”，他另有一曲【清江引】《相思》说：“相思有如少债的，每日相催逼”，也写得直率坦诚，不假词藻而墨花四照，与这首【折桂令】异曲同工。所以，褚人获《坚瓠壬集》卷三说这两曲“得其相思三昧”。

双调折桂令·江淹寺

紫霜毫是是非非，万古虚名，一梦初回。失又何愁，得之何喜，闷也何为？落日处萧山翠微，小桥边古寺残碑。文藻珠玑，醉墨淋漓，何似班超，投却毛锥。

徐再思才华出众，可是终生淹蹇，满腹牢骚。此曲借凭吊江淹寺，感慨文章的无用，写得深沉蕴藉，颇足发人深省。首三句说江淹寺以生花妙笔，臧否人物，品评文章，博取了虚名，可是冶亭一梦，一切成了泡影。这就把江淹一生概括净尽，也给古往今来以文章换取浮名的文士以当头棒喝。接下三句，既就江淹得笔、失笔而言，也就千古文士功名得失而言，有一石二鸟之妙。七、八句忽然放开，写江淹寺的景色，远望落日萧山，近看古寺残碑，使人有江山浩渺，历史无情之感，是景语，也是情语。末四句就江淹和历代文士的遭际，直抒胸臆，表面上是赞扬班超，实际上是发泄牢骚。元代的知识分子，多数沉屈下僚，潦倒贫困，纵有满腹经纶，也不能像前代人那样平步青云，腰金带紫。此曲以凭吊江淹寺借题发挥，既旷达，有辛酸，既豪逸，亦婉曲，它典型地概括了多少朝代文人才士磊落不平的情怀，是散曲中的上乘之作。

曹　德

曹德（生卒年不详），字明善。曾为衢州路吏、山东宪使等小官。与薛昂夫等有唱和，性耿直。元顺帝时曾写【清江引】两首讽刺宰相伯颜，被查缉，只得避匿于苏州寺院中。现存小令十八首。

双调清江引

长门柳丝千万结，风起花如雪。离别复离别，攀折复攀折，苦无多旧时枝叶也。长门柳丝千万缕，总是伤心树。行人折嫩条，燕子衔轻絮，都不由凤城春作主。

旧时有折柳送行人的风俗，此曲表面上是有感于杨柳的屡被攀折，其实另有深意。元顺帝时，右丞相伯颜揽权，怂恿顺帝幽禁皇后伯牙吾氏于冷宫，伯颜并尽杀皇后党羽，剡王彻彻都、高昌王帖木儿不花，皆无罪被杀。据陶宗仪《辍耕录》卷八载："山东宪使曹明善时在都下，作【岷江绿】（即【清江引】）二词以讽之，大书于石门之上。伯颜怒，令左右暗察得实，肖形捕之，明善出避吴中一僧舍。"曹德这种敢于捋虎须与权臣作斗争的行为，受到时人钦佩。钟嗣成《录鬼簿》

中说到他“神京独赋长门柳，士林中逞俊流，万人内占了鳌头”。此曲被折之柳是长门的柳，而非一般的柳，这就大有深意。“苦无多时旧枝叶”，也有讽刺伯颜尽杀皇后党羽的寓意。第二首最末一句，“都不由凤城春作主”，凤城是帝王居住的宫城，春是花木萌生的主宰，凤城之春竟不能做主，保不住长门之柳，这在目睹当时政治斗争的读者，是不难理解其中含义的。此曲指喻深隐，但语言流畅自然，所以《录鬼簿》认为曹德的艺术水平，“不在小山（张可久）之下”。

景元启

景元启（生卒年不详）。现存小令十五首，套数一首。

双调殿前欢·梅花

月如牙，早庭前疏影印窗纱。逃禅老笔应难画，别样清佳。据胡床再看咱，山妻骂，为甚情牵挂？大都来梅花是我？我是梅花？

梅花，是历代诗人吟咏的题材。此曲咏梅，有其独特之处。首两句写梅花形象，但不直赋其形，而只描画其影。月牙儿是一弯新月，光色朦胧；疏淡的梅枝印在窗纱上，隔窗看去，越发如痕如梦，呈现出清逸的神韵。“山妻骂，甚情牵挂”一句，是神来之笔。作者以妻子的嗔怪，侧写自己如痴如醉般专注地欣赏梅花。“骂”字显出妻子的醋意，境界全出，令人发噱。末两句“梅花是我？我是梅花？”的疑问，既表明观赏梅花进入物我两忘的化境，也表明在看梅的过程中，对人生有所体悟。庄子曾有梦蝶之说，梦醒后不知蝴蝶是庄周，抑或庄周是蝴蝶，从中悟出人世的虚幻。此曲巧用其意，但思想是积极的。作者说自己与梅花浑然一体，无法分辨，蕴含着以梅花高洁的品格自喻的用意。此曲前段用语典雅，后段用语通俗，在描绘中渗着哲理，这在散曲中别开生面。

查德卿

查德卿（生卒年不详），元仁宗前后在世。《太平乐府》《尧山堂外纪》《乐府群珠》《北曲拾遗》都收有他的作品。现存小令二十二首，内容有不少是描绘妇女情态的。

仙吕寄生草·感叹

姜太公贱卖了磻溪岸，韩元帅命博得拜将坛。羡傅说守可岩前版，叹灵辄吃了桑间饭，劝豫让吐出喉中炭，如今凌烟阁一层一个鬼门关，长安道一步一个连云栈。

此曲思想内容，至为深刻。姜尚、韩信，有开天辟地的功劳，历来被认为是功勋卓著的将相，但此曲以“贱卖”“命博”两语轻轻一抹，便让人觉得姜尚、韩信干的是划不来的傻事，是大吃亏的买卖。三、四、五句为鼎足句，分咏三个历来被认为是感恩知遇不惜肝脑涂地的贤臣义士。三句以“羡”“叹”“劝”三字领起，口气不同，但都是对他们的愚蠢行为表示惋惜。此曲一口气提到五个人物，在传统观念里，属忠臣义士、英雄好汉一类，但作者一概予以否定，这是对传统伦理道德的有力批判。值得注意的是，此曲选用的五个人物，全是出身卑微的，作者认为他们种种为统治者卖命的行为，都不值得。这种态度，正是元代下层人物反抗封建统治的愤激情绪的反映。末两句，点破题旨。在议论了五个具体人物之后，推进一层，作宏观的概括，把封建时代人们视为神圣尊荣的事业、险巇可怕的前景揭露无遗。其悲凉愤懑之情，溢于言表，诚为振聋发聩的警策。

张鸣善

张鸣善（生卒年不详），名择，号顽老子，平阳（今山西临汾）人。流寓扬州，做过宣慰司令史，后为江浙提学。至正二十六年（1366）曾给夏庭芝《青楼集》作序。著有杂剧三种，均失传。《全元散曲》收有他小令十三首，套数两篇。

双调水仙子·讥时

铺眉苫眼早三公，裸袖揎拳享万钟，胡言乱语成时用，大纲来都是哄。说英雄谁是英雄！五眼鸡岐山鸣凤，两头蛇南阳卧龙，三脚猫渭水飞熊。

题目名为“讥时”，全曲着眼于“讥”字。在艺术上，作者运用强烈的对比手法，把美与丑、贤与愚并在一起，点出美的、贤的价值受到扭曲，这就揭露了当时是非不分、黑白颠倒的现实。开首的鼎足对，指出那些“铺眉苫眼”“裸袖揎拳”“胡言乱语”的人，得到的却是极富、极贵、极显赫的结局。第四、五两句，一是承上文直截了当地指出现实的荒唐，一是以反诘的口吻，增强讽刺的意味。两句轻蔑与感叹的情感交织，充分表明作者对现实憎恶的态度。最后的鼎足对，与开首的鼎足句呼应，以漫画化的手法，加深读者对丑恶现实的印象。五眼鸡、两头蛇、三脚猫，这些形相极丑极恶象征着极恶极毒极无用的动物，竟与极美极好极神圣的凤、龙、飞熊相混淆，与英雄豪杰的代表人物并列，真是美丑莫辨，鱼目混珠，滑稽可笑。诚如王世贞在《艺苑卮言》中所说，这几句是“诨中奇语”。因为它把俚俗谐谑的比喻，和夸张奇特的想象结合起来。此外，全曲反复运用鼎足对，像连珠炮般对现实冷嘲热讽，力透纸背，痛快淋漓，充分体现出散曲豪辣的特点。

中吕普天乐·嘲西席

讲诗书，习功课。爷娘行孝顺，兄弟行谦和。为臣要尽忠，与朋友休言过。养性终朝端然坐，免教人笑俺风魔。先生道学生琢磨，学生道先生絮聒，馆东道不识字由他。

这也是一首讽刺诗。如果说，《讥时》以夸张而滑稽见长，那么，《嘲西席》则以质淡而幽默取胜。此曲从“讲诗书，习功课”开始，揭开封建时代教育的一个画面。在家塾里，教书先生按照儒家伦理纲常，和尚念经般给学生上课，教导学生要孝、悌、忠、恕，要讲究修身养性，注意言谈举止。曲中从第三句到第六句，一句一个大道理，纯粹是陈述口吻，显出教书先生上课时面目呆板，教学内容枯燥无味。最后三句，从三个角度写三种人对待“讲诗书，习功课”的态度。先生觉得他讲的书非常重要，要学生好好揣摩琢磨；学生嫌他讲的是老一套，说他唠哩唠叨，表示讨厌反感。真是言者谆谆，听者藐视，这情景不由得使人想起了《牡丹亭》闺塾一出塾师上课时的场面。有趣的是，此曲还写到家长。家长既不管教师教得如何，也不管子弟无心向学，竟说“不识字由他”。可见，家长视学习为可有可无。他花钱聘请老师，就像花钱买一根拘管猢狲的绳子。这一来，塾师认真上课，教忠教孝，倒显得可悲可笑。此曲没有惊人之笔，但充满喜剧色彩，它诙谐地嘲弄了封建教育，使人读来趣味盎然。

杨朝英

杨朝英（生卒年不详），号澹斋，山东青城人。做过郡守、郎中，后归隐。曾编选元人散曲为《阳春白雪》与《太平乐府》两书。他自己创作的散曲，现存小令二十七首，多写隐居乐道和闺阁情思。

双调得胜令

日日醉红楼，归来五更头。问著诸般讳，揪捋不害羞。敲头，敢说个牙痛咒？揪揪，揪得来不待揪。

小两口闹矛盾，别有一番情味。此曲写妻子责备丈夫，又打又闹，又嗔又爱，生动地描绘出封建时代市井生活的一角。首两句，先写妻子嗔恼的缘由。原来，那当丈夫的，天天在歌楼酒馆里寻欢买醉，回来时，天也快亮了。“日日”两字下得极妙，它表明妻子蓄怨已久，她等待丈夫越等越焦躁，越想算老账的心理。三、四句直写夫妻干仗。妻子质问丈夫干什么去了？丈夫诸般隐晦搪塞，妻子忍不住了，自然动起手来。作者用“揪捋”描画妇女打人的动作，可谓观察入微。五、六句，兼写打骂，她问丈夫，敢赌咒么？活画出她又急又恼不准丈夫蒙混过关的神态。“牙痛咒”三字，令人绝倒，这赌咒并不恶毒，可见夫妻吵架的性质。末两句出现转折，她正揪呀揪呀，揪住不放，忽然又不想揪了，手软了。因为她嗔他恨他，实在又爱他。此曲由妻子强烈的动作细致揭示了她的内心活动，又从妻子的神态中使人看到享福的狼狈相，真是活灵活现，栩栩如生。那洋溢着喜剧情趣的内容，活泼尖新的语言，令人忍俊不禁。

汪元亨

汪元亨（生卒年不详），号云林，别号临川佚老，饶州（今江西鄱阳）人。做过浙江省掾。钟嗣成《录鬼簿》说：“至正间，与余交吴门。”可以看出他活动的大致时间。著有杂剧三种，今不存。散曲有《云林小令》百篇，内容多写警世归隐。

正宫醉太平·警世

憎花蝇竞血，恶黑蚁争穴。急流中勇退是豪杰，不因循苟且。叹乌衣一旦非王谢，怕青山两岸分吴越，厌红尘万丈混龙蛇。老先生去也。

散曲中有不少退隐警世之作，但像这首写得感情如此激愤，对污浊的社会批判得如此彻底者，却不多见。首两句以“憎”“恶”领起，表达出疲惫记得的爱憎情绪。“花蝇竞血”“黑蚁争穴”，比喻官场中的争权夺利。三、四句直赋胸臆，宣告断然隐居，不愿同流合污。接着的鼎足对从三个方面阐发对人生和社会的态度，每句以“叹”“怕”“厌”等感情色彩极为鲜明的动词领起。其中，“怕青山两岸分吴越”一语，与元末面临社会大动乱的形势有关。可见汪元亨的归隐，并非纯粹出于自命清高，而是在激烈的社会斗争中被迫找寻的一条出路。最后一句，“老先生去也”，忽然做出洒脱的姿态，颇有自得自傲之意。这临去秋波，与“急流中勇退是豪杰”相应，给全曲添上点豪逸的亮色。

倪　瓒

倪瓒（1301—1374），字元镇，号云林，又号风月主人，江苏无锡人。先世为吴中有名声的富户。至正初（1341），知天下将有变，乃散家财，扁舟往来于太湖与泖湖之间。张士诚多方延揽，避而不就。入明，亦不仕，回乡以诗画自娱。后死于姻戚之家，身后颇为凄凉。倪瓒多才多艺，《录鬼簿续编》说他“群书博极，爱作诗，不事雕琢，善写山水小景，自成一家，名重海内”，是美术史上著名的“元四家”之一。其散曲今存十二首，风格婉雅而近于词。

黄钟人月圆

惊回一枕当年梦，渔唱起南津。画屏云嶂，池塘春草，无限消魂。旧家应在，梧桐覆井，杨柳藏门。闲身空老，孤篷听雨，灯火江村。

此曲以“惊梦”起首，做梦的地方在江边，时间在黄昏，其无聊索寞之情也被拈出。倪瓒晚年弃家乱于江湖，表面上潇洒，内心里忧烦，落笔便带感伤。三、四句是眼前景语，但含义深刻。把云遮雾绕的山嶂，形容为厅堂的屏风，既形象贴切，又与首句语脉相连。梦到家乡，画屏在眼，梦醒后江边的山峦也像屏风，这联想便透露出苦味。“池塘春草”的景色在江南一带常见，此句直引谢灵运“池塘生春草，园柳变鸣禽”诗意，也暗寓着时光流逝触目惊心的忧思。上片结语“无限消魂”便把感伤之情一语坐实。下片以“旧家应在”领起，写想念中的故宅，再一次与“当年梦”呼应。“梧桐覆井，杨柳藏门”，化用李白《赠崔秋浦诗》“门前五杨柳，井上一梧桐”。剧中所着“藏”“覆”二字，均是推想之辞。作者想到，旧居在丧乱中一定已荒芜毁废。而想得越多越细，正表明思恋越深越苦。末三句，从怀旧的纷乱思绪中回到现实。“闲身空老”是惆怅心情的概括，“灯火江村”是眼前景色的描绘。这空灵雅淡的韵味，很能传达出诗人的情怀。

刘庭信

刘庭信（生卒年不详），原名廷玉，益都（今属山西）人。长得又高又黑，排行第五，人称刘黑五。《录鬼簿续编》说他“风流蕴藉，超出伦辈，风晨月夕，唯以填词为事”。现存小令三十九首，套数七篇。他擅写相思别情，风格本色自然。

双调折桂令·忆别

想人生最苦离别，三个字细细分开，凄凄凉凉无了无歇。别字儿半晌痴呆，离字儿一时摧散，苦字儿两下里堆叠。他那里鞍儿马儿身子儿劣怯，我这里眉儿眼儿脸脑儿乜斜。侧着头叫一声“行者”，阁着泪说一句“听者”，得官时先报期程，丢丢抹抹的远远的迎接。

刘庭信以【折桂令】写了一组曲，共十二首，除第一首外，均以“想人生最苦离别”开头。这是组曲的第二首。它以一个女子的口吻，唱出送别丈夫时难分难舍、牵肠挂肚的心情。此曲特色之二，是把“苦别离”三个汉字的形体结构，“细细分开”，作为抒发感情的手段。以拆白道字的手法入曲，新颖有趣，也反映了元代市民阶层的艺术趣味。此曲后半段写少妇“侧着头叫一声‘行者’，阁着泪说一句‘听者’”，极具神韵。“侧着头”是避开对方的目光，横了心让他出发。“阁着泪”是强忍悲戚，把他叫回来叮嘱。这把少妇送行的思想矛盾写得活灵活现。末句写少妇渴望重逢，感情灼热如火。李白《长干行》说：“早晚下三巴，预将书报家。相迎不道远，直至长风沙。”意境与此相近。夏庭芝《青楼集》云：刘庭信“落魄不羁，工于笑谈，天性聪慧，至于词章，信口成句，而街市俚俗之谈，变用新奇，能道人所不能道者”。此曲以尖新俚俗的语言，绘声绘色，把少妇神态写得栩栩如生。她的别离之苦使人恻然，俚俗泼辣的话语又使人莞然。

双调水仙子·相思

秋风飒飒撼苍梧，秋雨潇潇响翠竹，秋云黯黯迷烟树。三般儿一样苦，苦的人魂魄全无。云结就心间愁闷，雨少似眼中泪珠，风做了口内长吁。

此曲语言本色自然，但结构独具匠心。开首的鼎足对，以秋风、秋雨、秋云烘托相思之情。重复使用“秋”字，是强调愁思之重。“三般儿一样苦”句，综括上文。“三般”与“一样”相对成文，是有意的安排，使浅近的话语产生强烈对比的效果。第五句“苦的人魂魄全无”，用顶真格，语气上的连接加重了感情色彩。这两句话，看似质朴通俗，其实应是细心的安排。后一个鼎足对再一次出现秋风、秋雨、秋云的形象，用以比喻相思的痛苦，它既与第一个鼎足对勾连呼应，而在次序安排上又有所变化，语气连贯而灵动，感情透辟而逐步深刻。钟嗣成曾说：刘庭信的散曲“语极俊丽”，此曲的两个鼎足对，也确蕴含着诗词般的艺术旨趣，但刘庭信显然更注重考虑曲的构思方面，经营于读者不经意之中，在平凡中见新巧，于浅近处见深刻，是此曲成功之点。

邓玉宾之子

邓玉宾之子（生卒年不详），其父邓玉宾，亦不详。钟嗣成《录鬼簿》在“前辈名公”条中称他为“邓玉宾同知”。邓父子俱擅散曲。其子现存小令三首。

双调雁儿落带得胜令·闲适

【雁儿落】乾坤一转丸，日月双飞箭。浮生梦一场，世事云千变。【得胜令】万里玉门关，七里钓鱼滩。晓日长安近，秋风蜀道难。休干，误煞英雄汉；看看，星星两鬓斑。

此曲开首四句，连用四句比喻，从不同的角度表述对世界的看法，包括空间、时间、人生、社会等方面。“乾坤一转丸，日月双飞箭”，高屋建瓴，气魄极大；而“浮生梦一场，世事云千遍”则思想消沉，感慨极深。强烈的情绪对比，使人心灵震撼。中间四句，把眼光收拢到人生的出处进退方面。四句亦用四个比喻，它们不相统属，但并列在一起，则可使读者产生许多联想。以进退而言，是出仕好，还是归隐好？就出仕而言，是得意，还是险巇？作者均不明说。结句再把眼光集中到出仕问题。指出人生易老，误了英雄，微露不值得为名位利禄折腾受难的意思。此曲题为《闲适》，却与一般鼓吹隐逸之作不同。作者从对人生、宇宙幻灭的想法写起，层层设譬，层层深入，最后引导人们否定干禄，肯定闲适。而在曲中，也没有描写闲适的乐趣，只抒发对人生和仕宦的幻灭之感。这种情绪，反映了元代知识分子在现实压迫面前，标榜闲适以求解脱的复杂心理。

汤 式

汤式（生卒年不详），字舜民，号菊庄，浙江象山人。元末曾补本县县吏，后落魄江湖。入明不仕，但据说明成祖对他“宠遇甚厚”。为人滑稽，所作散曲甚多，名《笔花集》，今存钞本。作品多写景、咏史之作，颇工巧可读。

正宫小梁州·上巳日登姚江龙泉寺分韵得暗字

天风吹我上巉岩，正值春三，残红飞絮点松杉，轻摇撼，无数落青衫。【幺】登临未了斜阳暗，借白云半榻禅龛。发笑谈，论经谶。老龙惊憛，拖雨过江南。

此曲写登山入寺的经过。上阕写登山的感觉及途中所见。首句用“吹”字，尽去旅途劳顿，直显轻盈飘逸。况兼“天风”，令人有扶摇直上、飘飘欲仙之感。“残红”以下三句，写山巅落花与柳絮，被山中的树枝树叶托住，经微风一吹，便似天女散花一般，色彩斑斓，飘然而下，正与攀缘而上的旅人不期而遇。这奇异的景色，唯暮春时节半山腰才有。故看似写景，实则蕴藏着作者含而不露的欣喜之情。下阕转而写入寺。

“登临”句既写入寺的时间、地点，又暗寓巉岩之高：斜阳已暗，身在云间，尚“登临未了”。“借”字信手拈来，可见入寺乃随心信步。“发笑谈”一句写在寺中自得其趣，与环境融洽协调。结句想象奇妙：作者与同伴谈笑风生，竟使老龙惊惧，“拖雨”而逃。总括全篇。登山而不显倦态，入寺而未见虔信，字里行间，洋溢着欢愉豪逸的气氛。

商调望远行·春

杏花风习习暖透窗纱，眼巴巴颙望他，不觉得月儿明钟儿敲鼓儿挝。梅香，你与我点上银台蜡，将枕被铺排下。他若是来时节，那一会坐衙，玉纤手忙将这俏冤家耳朵儿掐。嗏，实实的那里行踏？乔才，你须索吐一句儿真诚话！

古代诗歌中不乏少妇思夫之作，而作者多为男性，其描摹女性之形容、心态，惟妙惟肖，令人惊叹！这首【望远行】《春》写勾栏女主人公思念情人之切，语言俏皮生动，形象鲜明，心理刻画细致入微，是不可多得的上乘之作。全篇用女主人公自白，忽喃喃自语，忽而向“梅香”发号施令，忽而想象情人来后调笑嬉闹的场面。真是爱极而盼久盼不来则生出烦恼、生出猜测、生出醋意、生出波澜。可谓酸甜苦辣涩，五味俱全。前六句写女主人公对情人之盼，“眼巴巴颙望”，嘱梅香“将枕被铺排下”，可见其焦灼烦躁，急不可耐的心情。“他若是”以下数句，想象自己正经“坐衙”，审问那位不按时赴约的“他”，又是扭耳朵，又是刨根问底，似乎恨到极点，妒到极点。然而恨是亲，妒是爱。“俏冤家”“乔才”都是对情人的昵称。顾学颉《元曲释词》云：冤家以“反语见意，犹云亲爱的”。况其上冠以“俏”字，更爱之弥深了。可见，这场“官司”终不过是一场亲昵的打情骂俏的喜剧而已。

商调知秋令·秋夜

月晃银河淡，庭空珠露湿，天阔玉绳低。觱篥城头奏，蝼蛄阶下泣，络纬井边啼，一弄儿秋声闹起。

这首小令写秋夜景物。前三句写秋景，只见月明星稀，庭空露重，天阔斗垂。下笔由远及近，先从皎洁的月光写起，直至庭前露珠。露珠虽小，但在月光照耀下晶莹闪烁，非常醒目。再由近到远。眺望星空。玉衡星虽高，但由于远在天际，在天与地的交接处，低垂于视线之下。四、五、六句咏秋声，只听觱篥阵阵，蝼蛄哀鸣，莎鸡振羽。觱篥高亢单调，慷慨悲凉；秋虫声低回幽怨，如泣如诉。听来忽远忽近，错落有致。前三句写视觉所及，描绘秋天夜空的深邃辽阔，表现大自然的博大与静谧。后三句写听觉所及，展示时序的变更和生物的感应，读来发人深省。作者掌握了大与小、远与近、高与低、动与静、自然与人辩证统一的关系，使全曲构成一幅完整的、有声有色的秋天月夜图景。末句总结全曲。“秋声闹”是作者的主观感受，但此处写“闹”，却是为了表述秋夜的宁静。作者以闹衬静，作为全篇的基调，足见他很了解相反相成的艺术辩证法。

双调庆东原·京口夜泊

故园一千里，孤帆数日程，倚篷窗自叹飘泊命。城头鼓声，江心浪声，山顶钟声。一夜梦难成，三处愁相并。

游子思乡乃人之常情，古代交通不便，咏叹乡情的作品尤为多见。这首小令，将思乡之情写得缠绵悱恻，呜咽低回；读来让人哀愁如缕，一唱三叹。“京口”即今江苏镇江，作者是浙江宁波人，故开头两个对句，言家乡路途遥远，强调“孤帆”，愈见羁旅之寂寞孤独。第三句写作者倚窗自叹，怅然若失，乡愁不绝，悲从中来。“漂泊”一语，与上文孤帆、下文夜深相呼应，愈见伤感。最后归咎于“命”者，可见诗人无可奈何的情怀。写到此处，愁怀本已无可复加，但作者笔锋一转，忽写更鼓声、波涛声、晚钟声，既烘托出夜泊的环境。又使抽象的乡愁有了具体的依托。睡眠，是人的一种重要的生理现象，然而心理活动过于剧烈，会使脑神经过度兴奋，产生失眠。本来，鼓声、浪声、钟声日夜回响，有节有序，对于正常人来说，何尝不是一首轻柔悦耳的催眠曲？然而作者却辗转反侧，难以成寐。“城头鼓声、江心浪声、山顶钟声”，搅得人不得安宁；它们声声连接，此起彼伏，屡屡拨动思乡的心弦。“三处愁相并”，混合成同一个旋律，编织成一首悲哀的乡愁交响曲。作品永远因果倒置法，意蕴深永，发人遐想。

元明词选读

耶律楚材

耶律楚材（1190—1244），字晋卿，号湛然居士，又号玉泉老人，辽东丹山耶律突欲后裔，金尚书右丞耶律履之子。博览群书，精通天文、地理、律历、术数、医卜、释老之学，兼善诗词。金末曾为开州同知、左右司员外郎。元太祖定燕，召为相，历事太祖、太宗两朝，元代开国典制，多出其手。但他无法躲开种种政治风险，最终郁郁而死。对此，郝经在《立政议》中有所论述：“耶律楚材为相，定税赋，立造作，榷宣课，分郡县，籍户口，理狱讼，别军民，设科举，推恩肆赦。方有志于天下，而一二不逞之人，投隙抵罅，相与排摈，百计攻讦，乘宫闱违豫之际，恣为矫诬，卒使楚材愤悒以死。”卒谥文正。

由于耶律楚材经常处于政治漩涡之中，内心很不平静。他主张“以儒治国，以佛治心”，这多少可以看出他内心苦恼祈求慰藉的一面。“静思二十年间事，聚散悲欢一禁同。”（《还燕京题披云楼和诸大夫韵》）他对人生、对兴亡，常有会于心，便于雄豪飘逸中流露出忧郁之气。著有《湛然居士集》。

鹧　鸪　天

题七真洞

花界倾颓事已迁，浩歌遥望意茫然。江山王气空千劫，桃李春风又一年。　　横翠嶂，架寒烟，野花平碧怨啼鹃。不知何限人间梦，并触沉思到酒边。

一座祈求长生的道观，竟只剩断井颓垣，可见世事何等渺茫。由此引发，耶律楚材浮想联翩：国家兴亡，人世沧桑，种种思绪，盘纡于胸。但诗人浑厚的情意，发诸笔端，反显得平缓澹荡，这是炽热后的冷却。清人况周颐说，词的最后两句“高深之至，淡而近于穆矣”。确实，诸般愁绪，都付与一杯浇愁的酒，凝重与旷达交错在一起，很有特色。其实，高浑淡穆的格调，笼罩着全篇，并非只属于词的歇拍。

萧汉杰

萧汉杰（生卒年不详），字吟所，大兴（今北京大兴）人。元好问有赠萧汉杰诗一首，序云其金初尝赐姓奥里氏，故时之又谓奥里汉杰。为人慷慨有志胆，好读书，晚年流离顿踣，而意气不少衰。按《元草堂诗余》谓其江西吉水人，姑存疑。

浪　淘　沙

中秋雨

愁似晚天云，醉亦无凭。秋光此夕属何人？贫得今年无月看，留滞江城。　　夜起候檐声，似雨还晴。旧家谁信此时情。惟有桂香时入梦，勾引诗成。

中秋应有月，此夕反而下雨，这对滞留江城的人来说，是十分扫兴的事。妙在诗人认为，中秋无月，乃是贫穷造成的，“贫得今年无月看”。对此，况周颐《蕙风词话》评云：“‘贫’字入词夥矣，未有更新于此者。无月非贫者所独，即亦何加于贫？所谓愈无理愈佳。词中固有此一境。唯此等句以肆口而成为佳，若有意为之，则纤矣。”确实，“贫”字用得无理，而越是无理，就越能将滞留者的愁怀和盘托出。更妙的是，天上虽然无月，但在诗人的梦中却有月，“惟有桂香时入梦”。这背面傅粉的手法，透露出贫者感情的细腻丰富。

李 治

李治（1192—1279），字仁卿，号敬斋，真定栾城（今河北栾城）人。金哀宗正大八年（1231）进士。金亡，流落忻崞（今山西忻州）一带。蒙古世祖至元二年（1265）受召为翰林学士，就职期月，以老病辞归。尝与金代大诗人元好问交游，彼此酬答唱和，功力相当，世称“元李”。缠绵超旷、寓意幽远是李治词的特色。著有《敬斋文集》。

迈 陂 塘

和元遗山《雁丘》

雁双双、正分汾水，回头生死殊路。天长地久相思债，何似眼前俱去。摧劲羽，倘万一幽冥，却有重逢处。诗翁感遇，把江北江南，风嘹月唳，并付一丘土。　　仍为汝，小草幽兰丽句，声声字字酸楚。拍江秋影今何在？宰木欲迷堤树。霜魂苦，算犹胜、王嫱青冢贞娘墓。凭谁说与？叹鸟道长空，龙艘古渡，马耳泪如雨。

唱和的诗词，一般不易写得好。此词在咬紧原词题旨，赞美原词成就的基础上，对雁这一题材有更深的发掘。其中“把江北江南，风嘹月唳，并付一丘土”，以及“叹鸟道长空，龙艘古渡，马耳泪如雨”等句，气度不凡。它拓展了元遗山原作只写大雁坚贞殉情的含义，从雁写到人生、人世，涵盖更宽广，寓意更深远。整首词，思路跳跃，语调荒凉，给人以跌宕中见沉郁的感受。

迈陂塘

大名有男女以私情不遂赴水者。后三日，二尸相携出水滨。是岁陂荷俱并蒂

为多情、和天也老，不应情遽如许！请君试听双蕖怨，方见此情真处。谁点注，香溆滟，银塘对抹胭脂露。藕丝几缕。绊玉骨春心，金沙晓泪，漠漠瑞红吐。　　连理树，一样骊山怀古，古今朝暮云雨。六郎夫妇三生梦，幽恨从来艰阻。须念取，共鸳鸯翡翠，照影长相聚。秋风不住。怅寂寞芳魂，轻烟北渚，凉月又南浦。

张宗橚《词林纪事》引《乐府纪闻》说，本词“事奇而词亦工”，很有见地。词的收束，写轻烟凉月在水面摇荡，意境含蓄凄婉，使人低回不已。另外，作者从这一对殉情男女联想到古今许多爱情悲剧，足以发人深省。

鹧 鸪 天

中秋同遗山饮倪文仲家莲花白，醉中赋此

太乙沧溟下酒星，露醽秘诀出仙扃。情知天上莲花白。压尽人间竹叶青。 迷晚色，散秋馨，兵厨晓溜玉泠泠。楚江云锦三千顷，笑杀灵均语独醒。

饮得尽情，写得豪放。酒的美，夜的美，在词人酣畅的笔墨中展现无遗。而词中连用阮籍、屈原的典故，也使人清楚地看到：旷达外表掩藏着难言的郁闷。

许　衡

许衡（1209—1281），字仲平，河内（今河南沁阳）人，后迁居新郑（今河南新郑）。幼聪颖，博览群书，为学以程、朱为宗。元世祖中统初年被召至京师，与刘秉忠等定朝仪官制，累官中书左丞，集贤大学士兼国子祭酒，领太史院事。后以阿哈马专权，谢病归。衡善教，门徒很多，学者称鲁斋先生。曾嘱其子："我平生为虚名所累，不能辞官，以至于此。死后勿立碑，勿请谥，但书许某之墓足矣。"这和清代吴梅村遗嘱在碑上只写诗人，勿镌官衔的做法相似。不过吴梅村出于愧悔，而许衡则是出于对官场、世情的透彻认识。他们反常的举动，正是内心创痛的表现。著有《鲁斋遗书》。

沁　园　春

垦田东城

月下檐西，日出篱东，晓枕睡余。唤老妻忙起，晨餐供具。新炊藜糁，旧腌盐蔬。饱后安排，城边垦斸，要占苍烟十亩居。闲谈里，把从前荒秽，一旦驱除。　　为农换却为儒，任人笑，谋身拙更迂。念老来生业，无他长计。欲期安稳，敢避崎岖。达士声名，贵家骄蹇，此好胸中一点无。欢然处，有膝前儿女，几上诗书。

不在乎生活的清苦，不在乎劳动的艰辛，不在乎世人的讪笑，甚至连清高的名声也不在乎，真是恬淡得不能再淡。但“老来生业，无他长计。欲期安稳，敢避崎岖”四句，力重千钧，透露出作者胸中丘壑，于是恬淡中便渗出了一丝苦味。

满 江 红

大名别亲旧

河上徘徊，未分袂，孤怀先怯。中年后，此般憔悴，怎禁离别！泪苦滴成襟畔湿，愁多拥就心头结。倚东风，搔首谩无聊，情难说。　　黄卷内，消白日。青镜里，增华发。念岁寒交友，故山烟月。虚道人生归去好，谁知美事难双得。计从今，佳会几何时，长相忆。

词作于诗人被召赴任的时刻。上阕直书别离时的心情，下阕设想自己上任后的生活，以及对故乡、对亲朋的思念，渲染执手临岐时的惆怅。诗意如对面飞来，是推进一步的写法，与杜甫《月夜》“香雾云鬟湿，清辉玉臂寒”相近。

刘秉忠

简介见前。刘秉忠词曲皆称名家，王鹏运称其词“雄廓而不失之伧楚，蕴藉而不流于侧媚”，可谓的评。

木兰花慢

混一后赋

望乾坤浩荡，曾际会，好风云。想汉鼎初成，唐基始建，生物如春。东风吹遍原野，但无言、红绿自纷纷。花月流连醉客，江山憔悴醒人。　　龙蛇一屈还一伸，未信丧斯文。复上古淳风，先王大典，不费经纶。天君几时挥手，倒银河，直下洗嚣尘。鼓舞五花鸑鷟，讴歌一角麒麟。

这是歌颂元朝统一之作，但不能以纯粹歌功颂德目之，因为它更多地表现诗人在政治上的抱负以及重视礼乐教化的期望。词的开头，气象万千，中间变化错落，歇拍后一气呵成。纵横捭阖，笔势雄健，堪称佳构。

南　乡　子

夜户喜凉飔，秋入关山暑气消。勾引客情缘底物？鹧鹩。落日凄清叫树梢。　　古寺漏长宵，一点青灯照寂寥。暮雨夜深犹未住，芭蕉。残叶萧萧不奈敲。

鹪鹩鸣叫，雨滴芭蕉，这两种声音，反衬出秋夕的孤寂。末句着一“敲”字，韵致甚佳。

赵　文

赵文（1238—?），一字仪可，又字惟恭，号青山，庐陵（今江西吉安）人。宋景定时入学为上舍生。后入文天祥幕府，宋亡遁归故里。入元后不仕，为东湖书院山长，选授雄南文学。不知所终。后人辑其著述，名《青山集》。

疏　影

道士朱复古善弹琴，为余言琴须带拙声，若太巧，即与筝阮何异？余赏其言，为赋

寒泉溅雪，有佩环隐隐，飞度霜月。易水风寒，壮士悲歌，关山万里离别。杨花浩荡晴空转，又化作云鸿霜鹘。耿石壕、夜久无言，寂历如闻幽咽。　　云谷山人老矣，江空又岁晚，相对愁绝。玉立长身，自是仙胎，舞我黄庭三叠。人间只惯丁当字，妙处在一声清拙。待明朝，拂拭菱花，老我一簪华发。

本词从各个角度描绘琴声，想象丰富，遣词优美。下半阕更有特色。作者点破琴音之外的人生哲理，于是，词的含义就非一般绘声绘色之作可比。就下阕语言风格而言，它清俊中稍带拙重，很能映衬出道人的琴音和心态。

白　朴

简介见前。白朴是元代著名的戏曲作家，现存杂剧《梧桐雨》《墙头马上》，均被誉为戏曲史上的卓越剧作。他还写过其他十四种杂剧，惜已亡佚。他的词和散曲，收于《天籁集》中。

白朴的词，从题材看，有抒发盛衰之感的怀古词，有表现诗酒山水逃避现实的闲适词，也有应酬赠答的陈词滥调。而从风格看，近于豪放派一路，故清代朱彝尊在《天籁集》后序中，说他“源于苏、辛而绝无叫嚣之气，自是名家”。所谓“绝无叫嚣”，当指白朴恪守词的音律、规范而言。白朴很注意学习北宋“大晟府”的作者，务求词作意惬韵谐，这一点，又与苏、辛等有不同之处。

夺　锦　标

清溪吊张丽华

《夺锦标》曲，不知始自何时。世所传者，惟僧仲殊一篇而已。余每浩歌，寻绎音节，因欲效颦，恨未得佳趣耳。庚辰卜居建康，暇日访古，采陈后主张贵妃事，以成素志。按后主既脱景阳井之厄，隋元帅府长史高颖竟就戮丽华于青溪。后人哀之，其地立小祠，祠中塑二女郎，次则孔贵嫔也。今遗构荒凉，庙貌亦不存矣。感叹之余，作乐府《清溪怨》。

霜水明秋，霞天送晚，画出江南江北。满目山围故国，三阁余香，六朝陈迹。有庭花遗谱，弄哀音，令人嗟惜。想当时、天子无愁，自古佳人难得。　惆怅龙沉古井，石上啼痕，犹点胭脂红湿。去去天荒地老，流水无情，落花狼藉。恨清溪留在，渺重城、烟波空碧。对西风，谁与招魂，梦里行云消息？

通篇凄婉动人。白朴把凭吊一代佳人张丽华的感情，与凭吊故国山河，体味盛衰兴废的感情，纠结在一起，彼此萦绕起伏，真有荡气回肠之妙。歇拍以反诘的口气作结，更显得无限低回，感伤入骨。

沁　园　春

金陵凤凰台眺望

保宁殿即凤凰台，太白题留在焉。宋高宗南渡尝驿住。寺中有石刻御书王荆公赠僧诗，云："纷纷扰扰十年间，世事何尝不强颜。亦欲心如秋水净，应须身似岭云闲。"意者当时南北扰攘，国家荡析。磨顿鞍马，间有经营，百未一遂，此诗若有深契于心者以自况。余暇日来游，因演太白、荆公诗意，亦犹稼轩【水龙吟】用李延年、淳于髡语也。

独上遗台，目断清秋，凤兮不还。怅吴宫幽径，埋深花草；晋时高冢，销尽衣冠。横吹声沉，骑鲸人去，月满空江雁影寒。登临处、且摩挲石刻，徙倚阑干。　青天半落三山，更白鹭洲横二水间。问谁能心比，秋来水净，渐教身似，岭上云闲。扰扰人生，纷纷世事，就里何尝不强颜。重回首，怕浮云蔽日，不见长安。

借他人酒杯，浇自己块垒，本是诗人惯技。这首词的特色，在于作者把李白和王安石两首诗作，信手拈来，化为一体，借以抒发自己对人生的感慨，而又不黏不滞，有浑然天成之妙。宋以后，一些骚人雅士喜欢辑前人诗句，“凑成”新作，这种文字游戏，并不可取。但白朴在化用李白、王安石的诗句中，贯注了自己的感情，故选注以备一格。

摸 鱼 儿

七夕，用严柔济韵

问双星，有情几许，消磨不尽今古。年年此夕风流会，香暖月窗云户。听笑语，知几处，彩楼瓜果祈牛女？蛛丝暗度，似抛掷金梭，萦回锦字。织就旧时句。　愁云暮，漠漠苍烟挂树。人间心更谁诉。掰钗分钿蓬山远，一样绛河银浦。乌鹊渡，离别苦，啼妆洒尽新秋雨。云屏且住。算犹胜姮娥，仓皇奔月，只有去时路。

从天上牛女双星一年一聚，想到人间的别离。“人间心更谁诉”是全篇转折处。最后以嫦娥奔月与七夕双星相比。双星虽聚少离多，总归可以见面，又比永远孤悬天外的嫦娥好多了。这自我宽慰的方式，别开生面。最后的“路”字，押去声，韵味更觉绵杳。

耶律铸

耶律铸（1221—1285），字成仲，契丹人。耶律楚材之子。幼聪颖，善属文，尤善骑射。其父死，嗣领中书省，时年方二十三岁。耶律铸曾助宪宗攻下宋蜀之地。在阿里不哥与忽必烈兄弟争位的斗争中，他属忽必烈一派。中统、至元间，三入中书为左丞相，定法令，制雅乐，多有赞画之功。至元二十年（1283）被罢官，没家资之半，贬居山后（今山西、河北内外长城之间地区）。文宗至顺元年（1330）追赠太师，谥文忠。著有《双溪醉隐集》。

眼　儿　媚

醴泉和高斋《过炀帝故宫》

隔江谁唱后庭花？烟淡月笼纱。水云凝恨，锦帆何事，也到天涯？　　寄声衰柳将烟草，且莫怨年华，东君也是，世间行客，知遇谁家？

从怀古引发出胜事不常盛筵难再的联想。作者融情入景，寓理于情；悠悠兴感，娓娓道来，俊逸而蕴藉，舒徐而幽远。词以“知遇谁家”作结，语带双关，表现出儒生在理想未实现时的苦闷心态。

王 恽

王恽（1228—1304），字仲谋，号秋涧，卫辉汲（今河南卫辉）人。蒙古中统元年（1260）辟为详议官，累官至中奉大夫，赠翰林学士承旨。尝师事大文学家元好问，诗文俱著称于时。著有《秋涧集》《秋涧乐府》等。

鹧 鸪 天

赠驭说高秀英

短短罗袿淡淡妆，拂开红袖便当场。掩翻歌扇珠成串，吹落谈霏玉有香。　　由汉魏，到隋唐，谁教若辈管兴亡。百年总是逢场戏，拍板门锤未易当。

本词写女演员说书讲史，娓娓动听，栩栩如生。作者在描述中，忽作波澜，认为指点兴亡，实属多余，在诙谑中寄寓深意。末尾两句，结合着说唱演出，语带双关，颇近禅机。它表面上是对讲史者的评说，其实混合着作者对历史和现实的感慨。况周颐说此词“清浑超逸”，正是领悟到它的弦外之音，味外之味。

水　龙　吟

登邯郸丛台

春风赵国台荒，明月几照苕华梦？纵亡横破，西山留在，翠鬟烟拥。剑履三千，平原池馆，谁家耕垄？甚千年往事，野花双塔，依然是，骚人咏。　还忆张陈继起，信王侯、本来无种。乾坤万里，中原自古，几多麟凤。一寸囊锥，初无锯颖，也沾时用。对残灯影淡，黄粱饭了，听征车动。

此词与一般怀古词的不同之处，是在感慨中流露出跃跃欲试的情绪。下片说王侯无种，说机会来时，毛锥会脱颖而出，再说到征车发轫，隐约表示已做好了一展身手的准备。整首词的格调，显得清新而雄远。诗人对天下事，似是冷眼旁观，毫不动容；却又洞察古今，胸有成竹。词中所用典故，多与邯郸这一特定环境牵合，尤堪取法。

张伯淳

张伯淳（1242—1302），字师道，崇德（今浙江桐乡）人，至元二十三年（1286）为杭州路教授，后官至翰林侍讲学士。著有《养蒙集》。

木兰花慢

赠弹琵琶者

爱当垆年少，将雅调，寄幽情。尽百喙春和，群喧夜寂，老凤孤鸣。都来四条弦里，有无穷，旧谱与新声。写出天然律吕，扫空眼底秦筝。　　落红天气暖犹轻，洗耳为渠听。想关塞风寒，浔阳月色，似醉还醒。轩窗静来偏好，到曲终、怀抱转分明。相见今朝何处，语溪乍雨初晴。

白居易的《琵琶行》有句云："岂无山歌与村笛，呕哑嘲哳难为听。今夜闻君琵琶语，如听仙乐耳暂明。"张伯淳此词强调琵琶的美听，说是"写出天然律吕，扫空眼底秦筝"。其意与白诗相类。金元之世，西部北部少数民族地区的音乐传到江南，这本是文化交流现象，但由于它往往是随着战火传入，便使南方人民产生了某些抵触的心理。此词从几个角度描绘琵琶所代表的大汉天声，其间大有深意，反映出一些汉族知识分子对固有文化的眷恋。（其实，琵琶这种乐器，也是从西北地区少数民族传进来的，对此，诗人不知晓，我们也不必深究）

魏　初

魏初（1231—1292），字太初，号青崖，弘州顺圣（今河北阳原）人。年甫十二，即享有盛誉。元世祖中统初，辟为掾史，兼掌书记。后被荐为国史院编修，拜监察御史，出佥陕西、四川、扬州、江西等地，卒于中丞任上。魏初遇事敢言，好读书，为文简洁而有法度，诗歌创作，则重格律。有《青崖集》。

鹧　鸪　天

室人降日以此奉寄

去岁今辰却到家，今年相望又天涯。一春心事闲无处，两鬓秋霜细有华。　山接水，水明霞，满林残照见归鸦。几时收拾田园了，儿女团圆夜煮茶？

浑融流畅、纯朴自然是此词特色。下片写山水近递，夕阳归鸦，喻鸟倦而知还。诗人希望以后归家时，与儿女煮茶夜聚，其愿望越是简单，就越显情味的醇厚。

卢　挚

简介见前。卢挚作品散见于各种文献中，词则仅存十五首。

六州歌头

题《万里江山图》

诗成雪岭，画里见岷峨。浮锦水，历滟灏，灭坡陀，汇江沱。唤醒高唐残梦，动奇思，闻巴唱，观楚舞，邀宋玉，访巫娥。拟赋《招魂》《九辩》，空目断、云树烟萝。渺湘灵不见，木落洞庭波。抚卷长哦，重摩挲。　　问南楼月，痴老子，兴不浅，夜如何。千载后，多少恨，付渔蓑，醉时歌。日暮天门远，愁欲滴，两青蛾。曾一舸，奇绝处，半经过。万古金焦伟观，鲸鳌背，尽意婆娑。更乘槎，欲就织女看飞梭，直到银河。

这是一首题画诗。作者从画面描绘的长江景色，诱发丰富的想象。他仿佛看到巫山神女的倩影，看到楚人的舞姿，听到巴人的歌唱。他耳畔萦绕着仙人的诗句，使他想到历史人物荣辱升沉的往事。他还想象自己从长江入海，跨鲸乘鳌，进入神仙世界。这种种遐想，使词的意境时而幽深，时而瑰丽，时而雄浑，这恰恰是《万里江山图》所描绘的形象在他脑海里的投影。因此，尽管作者对这幅画的正面描写不多，但却以虚写实，让读者领悟到画的成功和美妙，看到画面上的长江从上游、中游、下游蜿蜒曲折，奔腾入海的壮丽情景。而通过作者对《万里江山图》的品题，他那胸襟和气度，也给读者留下深刻印象。

贺 新 郎

赋拒霜

观物聊宾戏。问花枝能红能白，如痴如醉。翠被香消行云断，约略幽闺睡起。甚却有、溪娘风致。木末芙蓉都如许，笑人间、不解灵均意。歌晚色，赋秋水。　　而今老子婆娑地，更何须、齐奴步障，谢公携妓。徙倚西楼澄江远，日暮霞成绮。怅楚泽、荷衣芰制。篱菊难忘平生约，共小山、丛桂相料理。吾与汝，有知己。

作者就“观物”落笔，从拒霜的美丽想到少女的丰姿；从拒霜亦称木芙蓉想到莲花，想到对屈原诗句的解释；再从对花的欣赏，想到一些人奢华的享受，想到屈原的高洁，想到自己隐居的愿望。通篇似游戏文章，时作诙谐，时作庄语，时而情思旖旎，时而寄旨幽远。笔势如浮云飘忽，舒卷自如，很能表达作者赏花时逸兴遄飞的情怀。

清　平　乐

行郡歙城寒食日伤逝有作

年时寒食，直到清明日。草草杯盘聊自适，不管家徒四壁。　　今年寒食无家，东风恨满天涯。早是海棠睡去，莫教醉了桃花。

“今年寒食无家”是全篇转捩。从前的寒食节，尽管草草杯盘，家徒四壁，也仍然有家；对比今年的无家，自然幽恨难抒了。不过最后以“海棠睡去”形容逝者，则可看出词人于伤情中又夹杂疏放的人生态度。

刘壎

刘壎（1240—1319），字起潜，江西南丰人。早年隐而不仕，元武宗至大四年（1311）为剑南州学官，后为延平（今福建南平）教授，年八十卒。刘壎才力雄放，博览群书，诗文皆工，尤长于骈文。著有《隐居通议》《水云村稿》《英华录》等。

菩萨蛮

和詹天游

故园青草依然绿，故宫废址空乔木。狐兔穴严城，悠悠万感生。　　胡笳吹汉月，北语南人说。红紫闹东风，湖山一梦中。

况周颐《蕙风词话》评云："仅四十许字，而黍离、麦秀之感，流溢行间。"其实，此词除了流露亡国之哀外，还诋责当时的元蒙贵族统治者，把他们比喻为"狐兔"。换头两句，写得直露、大胆。结句虽有梦入微茫、不堪回首之意，但在低回中显示愤激，这就不同于一般的感伤之作了。

西湖明月引

用白云翁韵送客游行都

江村烟雨暗萧萧。涨寒潮，送轻桡。目断京尘，何日听鸾箫？金雀觚棱千里外，指天际，碧云深，魂欲飘。　　薰炉炷愁烟尽销。酒孤斟，谁与招。满怀情思，任吟笺赋笔难描。惆怅山风，吹梦老秋宵。绿漾湖心波影阔，终待到，借垂杨，月半桥。

送别友人，黯然神伤。此词从送别情景，写到想象中友人将要到的地方，再写到自己归家对友人的思念，在梦魂中和友人相聚等，环环相扣，层层深入，布局谋篇，颇费匠心。特别以梦境作结，从实入虚，尤觉灵动。“吹梦老秋宵”一句，以“老”字形容夜的长、愁的重，在炼字上亦见功力。

燕公楠

燕公楠（1241—1302），字国材，号芝庵，南康（今江西南康）人。十岁能属文。元世祖平定江南，以功迁同知吉州路，受到赏识，赐名赛因囊加带，命佥江淮行尚书省事。令民垦荒废田，劝导有方，累官至湖广行省右丞。精通音律，有戏曲声律论著《唱论》。亦工词。著有《五峰集》。

摸　鱼　儿

答程雪楼见寄

又浮生、平头六十，登楼怅望荆楚。出山小草成何事？闲却竹烟松雨。空自许，早摇落江潭，一似琅王牙树。苍苍天路，谩伏枥心长，衔图志短，岁晏欲谁与。　梅花赋，飞堕高寒玉宇。铁肠还解情语。英雄操与君侯耳，过眼群儿谁数？霜鬓缕，只梦听，枝头翡翠催归去。清觞飞羽。且细酌盱泉，酣歌郢雪，风致美无度。

张宗橚《词林纪事》引《词苑》云："五峰生日在梅花时，故（程钜夫【摸鱼儿】词）通首皆影借梅花故事也，燕亦有和词。"这首和词，写得脱俗有致，不同凡响。上片自叙平生抱负和退隐家园的愿望，是正面对程词的回答。下面转为赞誉程词，也说到两人的交谊和互相器重。通词用典虽多，但无饾饤堆砌之弊，在典雅中显得气足神完，血脉流畅。

刘敏中

刘敏中（1243—1318），字端甫，章丘（今山东济南东）人。幼卓异不凡，至元中为监察御史，敢于弹劾权臣桑哥，失败后辞职归。大德中，宣抚辽东山北，后召为集贤学士。武宗即位，又被召赴上京，庶政多所更定，累迁至翰林学士承旨。延祐中卒，赠光禄大夫，追封齐国公，谥文简。在封建时代，他算得上清官、好官。能词曲，为文理备辞明。著有《中庵集》。

木兰花慢

晓过芦沟

上芦沟一望，正红日，破霜寒。尽渺渺飞烟，葱葱佳气，东海西山。依稀玉楼飞动，道五云深处是天关。柳外弓戈万骑，花边剑履千官。　　寒窗萤雪一生酸，富贵几曾看。问今日谁教，黄尘匹马，更上长安。空无语，还自笑，恐当年，贡禹错弹冠。拟把繁华风景，和诗满载归鞍。

从本词最后两句“拟把繁华风景，和诗满载归鞍”，可知它是作者写于离京返家经过芦沟桥的路上。上片写“繁华风景”。诗人远望京城的气势、楼阁，想象京城威武雄壮的情景，虚实兼备，笔势灵动，字里行间，蕴含着对京城繁华景物的思忆。下片写眼前心境。过片以“寒窗”一句领起，情绪从豪壮转为酸楚。末句故作宽慰语，又适足表现内心的牢骚不平。情调急剧地变化，形成强烈的落差，产生鲜明的对比，是此词的一大特色。

沁　园　春

大德甲辰之岁，张君秀实得石百脉泉南麓土中，辍以遗余。余使视之，石四旁皆大石附而不屑土，周隙间宛然犹胞胎。抉其土，碎其旁石而取焉。置之所居“中庵”之前，余命之曰“太初之岁”，且号曰“苍然子”，奇之也。顷余族弟仲仁得石“太初”所出之旁，又以见遗，其胞胎犹“太初”，而艰深倍之。仲宽弟合众力出之，辟垣而纳之，置之“中庵”之后，又一奇也。徐思其名，自混沌始分，而有是质，迄于兹远矣；乃得安常守密，无动移摧剥之患，浑然天金，独立远矣；其状雄拔高峻，壁岭寂穴，岚彩辉燠，意态横出，虽具眼未易尽其妙，远矣；生而与“太初”并处，出而与“太初”对列，协久要不忘之义，又远矣。有是四远，而秀发如此，乃定名曰“远秀峰”，号之曰“颀然子”云。且用“太初”乐章韵，作歌以喻之。石之至，延祐戊午仲春十有九日也，其歌曰：

石汝何来，政尔难忘，平生“太初”。想将迎媚悦，无心在此；清奇古怪，有韵铿如。何乃排垣，直前不屈，似此疏顽其可乎？今而后，有芳名雅号，听我招呼。　　世间贵客豪夫，问几个回头认得渠？既千岩气象，君都我许；四时襟抱，我为君虚。无语相看，悠然意合，自引壶觞不愿余。商歌发，恰风生细竹，月上高梧。

写石的品格、形状，其实是作者自己的写照。词的风格，豪迈峭拔，夹杂散文句式，颇似稼轩家数。

仇 远

仇远（1247—1326），字仁近，一字仁父，自号山村民，钱塘（今浙江杭州）人。宋末，与白埏齐名，人称“仇白”。工诗词，元初曾为溧阳（今江苏溧阳）州学教授。著有《金渊集》《无弦琴谱》等。

八犯玉交枝

招宝山观月上

沧岛云连，绿瀛秋入，暮景却沉洲屿。无浪无风天地白，听得潮生人语。擎空孤柱，翠依高阁凭虚，中流苍碧迷烟雾。唯见广寒门外，青无重数。　　不知是水是山，不知是树，漫漫知是何处？倩谁问，凌波轻步？谩凝睇，乘鸾秦女。想庭曲，霓裳正舞。莫须长笛吹愁去。怕唤起鱼龙，三更喷作前山雨。

观赏月色的题材，容易落入俗套。此词则给人别开生面的感受。特别是末三句：奇谲瑰秀，墨意灵动。作者在这首词中以空灵之笔，写山的空灵，月的空灵，倍能使人神思飞越。《词苑》云：“此词纵横之妙，直似东坡。”正是注意到它具有浪漫主义的特色。

齐 天 乐

赋 蝉

夕阳门巷荒城曲，清音早鸣秋树。薄剪绡衣，凉生鬓影，独饮天边风露。朝朝暮暮，奈一度凄凉，一番凄楚。尚有残声，蓦然飞到别枝去。　　齐宫往事谩省，行人犹说与，当时齐女。雨歇空山，月笼古柳，仿佛旧曾听处。离情正苦。甚懒拂冰笺，倦拈琴谱。满地霜红，浅莎寻蜕羽。

历来咏蝉之作，情调总是凄凉的。因为蝉的声音凄咽，蝉的生命短促，蝉以风露为食，都能触发诗人消极的意绪。此词与宋代王沂孙的【齐天曲】《蝉》（一襟余恨宫魂断）异曲同工。王作以深沉著称，此词亦写得凄婉动人，很能表现贫士失职和游子怀乡牢落哀怨的情感。上片结句“尚有残声，蓦然飞到别枝去”，是化用了方干诗“蝉曳残声过别枝”的意境，值得注意的是，在词调的关节眼上，押一去声字“去”，显得委婉悠扬，音韵之美和词的情调得到很好的结合。

刘　因

刘因（1249—1293），初名骃，字梦骥，后改今名，字梦吉，号静修，容城（今河北容城）人。天资聪颖，精研理学，兼工诗文。元世祖至元申以学行荐于朝，提拔为右赞善大夫，不久以母病辞归。至元末再征为集贤学士，推辞不就。

刘因曾写诗咏怀，希冀“致身青云间，高飞举六翮”，干一番事业。然而，他两次主动辞官，说明了他与元朝始终格格不入。清人全祖望在《宋元学案》中认为他“南悲临安，北怅蔡州，集贤虽勉受命，终敝履去之”。金和宋的灭亡，在他心上留下了阴影。他写了七十多首《和陶诗》，赞美陶渊明品格的清高，而张养浩也称刘因“才名暗折世间寿，气节伟高天下人”。作为一个尊崇汉族传统文化的儒者，对那些抱有另一种文化意识的新朝统治者，疏之远之，这是可以理解的。

刘因诗作的成就较高，是元代诗坛的重要作家。词风则接近苏辛一派，况周颐甚至把他誉为元代的苏东坡，说其词“寓骚雅于冲夷，足穰郁于平淡，读之如饮醇醪，如鉴古锦。涵咏而玩索之，于性灵怀抱，胥有裨益”。确实，其作品于横厚中有真趣洋溢，而无道学气。著有《静修集》。

念　奴　娇

忆仲良

中原形势，东南壮、梦里谯城秋色。万水千山收拾就，一片空梁落月。烟雨松楸，风尘泪眼，滴尽青青血。平生不信，人间更有离别。　　旧约把臂燕南，乘槎天上，曾对河山说。前日后期今日近，怅望转添愁绝。双阙红云，三江白浪，应负肝肠铁。旧游新恨，一生都付长镵。

从此词连用“松楸”“苌弘碧血”等意以及杜甫《梦李白》“死别已吞声”一诗的诗句看，明显有伤悼的意味。作者似乎信笔写去，只顾倾吐肺腑，不求字句工拙。但反显得情怀慢怆，真挚动人。王鹏运认为刘因词作“有真趣洋溢，是性情语，无道学气”，信焉。

鹊　桥　仙

悠悠万古，茫茫天宇，自笑平生豪举。元龙尽意卧床高，浑占得、乾坤几许？　　公家租赋，私家鸡黍，学种东皋烟雨。有时抱膝看青山，却不是、高吟梁甫。

“自笑”两字，是全词核心。上片，作者从无际无涯的时空中，悟出自己所处的沧海一粟的位置，不禁自悔孟浪，废然失笑。下片，强调虽然参透玄机，而自己确实只是凡夫俗子。这与陆游【鹊桥仙】词“时人错把严光比，我自是无名渔父”

的意思相近。此词笔调明畅，流露出疏放从容的气度。不过，作者虽“自笑平生豪举”，那冷却的心，曾经炽热。在自笑、自轻的后面，可以窥见故作潇洒的姿态。

玉 楼 春

未开常探花开未，又恐开时风雨至。花开风雨不相妨，说甚不来花下醉。　　百年枉作千年计，今日不知明日事。春风欲劝坐中人，一片落红当眼坠。

此词笔势如玉盘溜珠，圆融流畅。首两句写世人谨小慎微，忧心忡忡。跟着四句高屋建瓴，讽谕世人要有旷达的情怀。通篇以花开花落贯穿，富有哲理意味。末句尤写得精警深刻，耐人咀嚼。

吴　澄

吴澄（1249—1333），字幼清，抚州崇仁（今江西崇仁）人。举进士不第，著《孝经章句》，校定《易经》《诗经》等，遂为当时名儒。至大初召为国子监丞，迁翰林学士，进阶大中大夫。泰定初，为经筵讲官，主持编修《英宗实录》。卒封临川郡公，谥文正。程钜夫题其居室为“草庐”，著有《草庐词》。

渡　江　云

和揭浩斋送春

名园花正好，娇红殢白，百态竞春妆。笑痕添酒晕，半脸凝脂，谁为试铅霜。诗朋酒伴，趁此日、流转风光。尽夜游、不妨秉烛，未觉是疏狂。　　茫茫。烂漫离披，似长江去浪。但要教、莺啼燕语，不怨卢郎。问春春道何曾去，任蜂蝶、飞过东墙。君看取，年年潘令河阳。

吴澄是理学名儒，此词却把名花当作美人来写，尽态、极妍，格调婉丽妩媚，显出对大自然的热爱。下片用卢郎、潘岳典故，意在以才调风流的卢元明自比；并以喜欢种花的潘岳，比喻家有名园的揭傒斯。这与金代完颜琦【临江仙】词“一尊芳酒一声歌，卢郎心未老，潘令鬓先皤”的伤感情调完全不同。

赵孟頫

赵孟頫（1254—1322），字子昂，号松雪道人，宋太祖子秦王赵德芳之后，原籍海盐（今浙江海盐），因赐第湖州（今浙江吴兴），故为湖州人。十四岁时，以父荫补官。入元。以遗贤身份被荐入朝，累官至翰林学士承旨，卒赠魏国公。精音乐，书法冠绝一时，绘画尤为人称道。所作诗文，清新俊逸。又因以“王孙而婴世变，黍离之悲，有不能忘情者，故其长短句有骚人之遗。”（《尧山堂外纪》）著有《松雪斋集》。

虞　美　人

浙江舟中作

潮生潮落何时了？断送行人老。消沉万古意无穷，尽在长空淡淡鸟飞中。　　海门几点青山小，望极烟波渺。何当驾我以长风，便欲乘桴浮到日华东。

在钱塘江上看潮生潮落，极目烟波，触景生情。作者觉得，人生也如小舟，生活在时空的长河中，寄蜉蝣于天地，渺沧海之一粟，于是忽生尘外之想。此词把舟中所见与心中所悟，融为一体，胸襟阔大而笔意流动，于低回幽渺中透出一股豪气。

浣 溪 沙

李叔固丞相会间，赠歌者贵贵

满捧金卮低唱词，樽前再拜索新诗。老夫惭愧鬓成丝。　　罗袖染将修竹翠，粉香吹上小梅枝。相逢不是少年时。

清叶申芗《本事词》卷下说：赵孟頫以承平王孙，而遭世变，故其词多感慨。尝于李叔固丞相席上，赠其歌妓贵贵云云。此词说自己年华已老，少年意气，消磨殆尽，隐藏着易代之悲和屈事新朝的感慨，并非一般的应酬之作。

渔 父 词

渺渺烟波一叶舟，西风木落五湖秋。盟鸥鹭，傲王侯，管甚鲈鱼不上钩。

明陈继儒《太平清话》载："松雪夫人管仲姬……工诗，善画竹，亦能小词，尝题《渔父图》云：'人生贵极是王侯，浮利浮名不自由。多得似，一扁舟，弄月吟风归去休。'松雪和之云云。"此词写得清淡自然，末句点明渔夫钓鱼不过是寻找精神寄托，尤觉清隽有味。

曹伯启

曹伯启（1255—1333），号汉泉，砀山（今属安徽）人。曾任淮东盐访使。累官集贤学士、侍御史。著有《汉泉漫稿》。

南　乡　子

四川道中作

蜀道古来难，数日驱驰兴已阑。石栈天梯三百尺，危栏。应被旁人画里看。　两握不曾干，俯瞰飞流过石滩。到晚才知身是我，平安。孤馆青灯夜更寒。

此词妙处全在下片。语言极平易，极浅近，却极能表现过蜀道的紧张心情。两手的出汗，独对青灯时的心有余悸，反衬出蜀道的险。

姚 燧

简介见前。姚燧词亦无专集传世，其词散见于名家词选中。

鹧 鸪 天

避观堂暮饮

谁道夔龙不致君？白头离乱不曾闻。三秦碧树生春色，千里青山入暮云。　　何事业，底功勋？百年五十已中分。从今万八千场醉，莫酹刘伶荷锸坟。

上片歌颂天下升平。三、四句写暮饮所见，笔法开阔沉稳，颇似盛唐气象。下片忽生感慨。末句“莫酹刘伶荷锸坟”，坐实于饮，并在放旷豁达中透出一缕悲凉。而上、下片格调变化，多少表现出内心不尽平衡的意绪。

陈 孚

陈孚（1259—1309），字刚中，号勿斋，台州临海（今属浙江）人。幼年聪颖，读书过目成诵。至元二十二年（1285）以布衣上《大一统赋》，署上蔡书院山长。后调翰林国史院编修。曾以礼部郎中衔，出使安南（今越南）。离任还，朝廷欲委以重任，而廷臣以其为南人，且尚气，颇忌之，遂任之为地方官。历任建德、衢州、台州等路总管府治中。在任上多有善政。性任侠，为诗尚意趣。著有《观光稿》《玉堂稿》等。

太 常 引

端阳日当母诞不得归

短衣孤剑客乾坤，奈无策，报亲恩。三载隔晨昏，更疏雨，寒灯断魂。　　赤城霞外，西风鹤发，犹想倚柴门。蒲酹谩盈樽，倩谁写，青衫泪痕？

此词不事雕琢而真情流注。换头写想象中的老母在西风中自发飘萧，倚门倚闾地盼望游子归来，以写母亲的思念，映衬自己对母亲的思念，犹为使人动容。

吴　存

吴存，字退仲，号乐庵，鄱阳（今江西鄱阳）人。宋末学者饶鲁私淑弟子。元仁宗元祐初，起为本路学正，历任宁国（今安徽宣城一带）教授、都阳县主簿等。著有《月湾集》。

水调歌头

浙江贡院

尺一九霄下，华发起江湖。西风吹我衣袂，八月过三吴。十五西湖月色，十八海门潮势，此景世间无。收入砚蜍滴，供我笔头枯。　　七十幅，五千字，日方晡。贝宫天网下罩，何患有遗珠？用我玉堂金马，不用清泉白石，真宰自乘除。长啸吴山顶，天阔雁行疏。

诏书既下，作者满怀信心，准备成行。虽说用之则行，舍之则藏，其实胸有成竹，得意扬扬，所以此词字里行间，透露出潇洒自如的意态。上片强调笔墨得江山之助，下片写到考试时笔走龙蛇，均切合"浙江贡院"的题目。篇中用了一连串数词，却不冗赘枯燥，显出诗人才调不凡。

鲜于枢

鲜于枢（1259—1301），字伯机，号困学山民，又号寄直老人，渔阳（今天津蓟州）人。至元间为浙江行省都事，后迁太常寺典簿。意气雄豪，善词赋，工行书及画，精于鉴赏法书名画及古器物。晚年闭门谢客，名其室曰“困之学斋”，读书终老。著有《困学斋集》《困学斋杂录》等。

念奴娇

八咏楼

长溪西注，似延平双剑，千年初合。溪上千峰明紫翠，放出群龙头角。潇洒云林，微茫烟草，极目春洲阔。城高楼迥，恍然身在寥廓。　　我来阴雨兼旬，滩声怒起，日日东风恶。须待青天明月夜，一试严维佳作。风景不殊，溪山信美，处处堪行乐。休文何事，年年多病如削。

此词写八咏楼前景色，全结合着主观感受着墨。作者忽觉得它豪气逼人，忽觉得它雄奇突兀，忽觉得它深微幽远。多姿多彩，使人目不暇接。此词妙处，还在于承认这里经历了“兼旬”风雨。而前人名句，让他领略到溪山之美，使他在“阴雨”中也“看”到了清风明月的前景。这随遇而安的情怀，满怀信心的气魄，自然不同于计较得失的沈约。结句轻轻一点，境界全出，所以杨慎说它“稍含微意，不专为咏景而发”。（《词品》）

朱晞颜

朱晞颜（1221—1279），字景渊，长兴（今浙江长兴）人。曾为江西瑞州税监，以郡邑小吏终其身。诗文俱工，与鲜于枢、杨载、揭傒斯等名家时相酬唱。有《瓢泉吟稿》。

一 萼 红

盆 梅

玉堂深。正重帘护暝，窗色试新晴。苔暖鳞生，泥融脉起，春意初破琼英。夜深后，寒消绛蜡，误碎月、和露落空庭。暖吹调香，冷芳侵梦，一晌消凝。　　长恨年华晼晚，被柔情数曲，抵死牵萦。何事东君，解将芳思，巧缀一斛春冰。那得似、空山静夜，傍疏篱、清浅小溪横。莫问调羹心事，且问笛里平生。

玉堂深处，盆梅初绽。梅枝上苔痕鳞生，小盆里春泥脉涌。这精巧的盆栽，无论是白天还是晚上，无论把它放在院中还是放在居室，总令人魂销心醉。但想深一层，它毕竟又像金丝笼里的小鸟，和大自然隔绝，本性受到拘束。下片“那得似”，是全篇关捩处。三个字举重若轻，拨转题旨。清代龚定庵有《病梅馆记》，此词虽不说病，而创意近之。

虞　集

虞集（1272—1348），字伯生，号道园，又号邵庵，祖籍仁寿（今四川仁寿），宋丞相虞允文五世孙。至元间随父虞汲徙居江西崇仁。幼拜吴澄为师。成宗大德初年授大都路儒学教授，累官翰林直学士、章阁侍书学士。纂修《经世大典》，参与制定朝廷典策。能文善诗歌，与杨载、范椁、揭傒斯齐名，号“中兴四大诗人”。

虞集信奉程朱理学，因此，就诗文创作的主张而言，他坚持儒家的正统观念。认为那些“得情性之正”的诗作，是上乘的，认为“吉之人以其涵煦和顺之积而发于咏歌，故其声气明畅而温柔，渊静而光泽”（《胡师远诗集序》）。他还批评那些“以为和平之辞难美，忧愤之言易工”《李景山诗集序》的说法，而奉“温柔敦厚”的诗教为圭臬。虞集在政治生涯中遭受打击，并不顺心，与其创作主张相联系，其风格便走舒迟雅淡一路。他注意声律的圆美、意境的醇和，却不会表现出忧愤激越的情感。著有《道园学古录》。

风　入　松

寄柯敬仲

画堂红袖倚清酣，华发不胜簪。几回晚直金銮殿，东风软，花里停骖。书诏许传宫烛，轻罗初试朝衫。　　御沟冰泮水挼蓝，飞燕语呢喃。重重帘幕寒犹在，凭谁寄银字泥缄。为报先生归也，杏花春雨江南。

柯九思离职南返，虞集作词遥寄，说自己虽在馆阁，但也向往江南生活。结句“杏花春雨江南”，更是笔花四照，流丽旖旎。陶宗仪《辍耕录》说此词“词翰兼美，一时争相传刻”。瞿宗吉《归田诗话》还说“曾见机坊以词织成帕，为时所贵重如此”。可见它是脍炙人口的名篇。

苏武慢

和冯尊师

放棹沧浪，落霞残照，聊倚岸回山转。乘雁双凫，断芦漂苇，身在画图秋晚。雨送滩声，风摇竹影，深夜尚披吟卷。算离情、何必天涯，咫尺路遥人远。　　空自笑，洛下书生，襄阳耆旧，梦底几时曾见？老矣浮丘，赋诗明月，千仞碧天长剑。雪霁琼楼，春生瑶席，容我故山高宴。待鸡鸣，日出罗浮，飞度海波清浅。

据《鸣鹤余音》序，至正三年（1343），虞集送长子赴罗浮山，至鄱阳湖，风雪阻舟，半月不达三百里。词即写于舟中。上片描叙途中景色，情调凄清，至“深夜尚披吟卷”，关联唱和之意。下片从抒怀写到对神仙生活的向往，切合与冯道士的交游。作者浮想联翩，显得神采飞扬。上下片情绪的变化，给人以峰回路转之感，体会到求道者豁然开朗的喜悦。

南乡一剪梅

招熊少府

南阜小亭台，薄有山花取次开。寄语多情熊少府，晴也须来，雨也须来。　　随意且衔杯，莫惜春衣坐绿苔。若待明朝风雨过，人在天涯，春在天涯。

此词如行云流水，清俊飘逸。上下片的结句环绕“招”字，再三致意，语重情长。陈廷焯《白雨斋词话》中说虞作“自然风韵”，得之。

袁 易

袁易（1262—1306），字通甫，平江长洲（今江苏吴中区）人。少聪颖敏学，不乐仕进，曾被荐为徽州路（治所在今安徽歙县）石洞书院山长，授朱熹之学，诸生对他很敬佩。未几，归居松江、太湖间，筑静春堂读书。赵孟頫曾为画《袁公卧雪图》，称他与龚璛、郭群孙为“吴中三君子”。善诗词，其诗作风骨遒劲，近南宋的陈与义；而词作则清空俊雅，与张炎相仿。著有《静春堂集》。

念 奴 娇

连日雪意凄迷，云未解驳，仆与勉夫，江村眺望，浸兴赋此。

暮云楼阁，送悠悠今古，飞鸿明天，欹到芡芦洲乱吐，点缀微茫残雪。浅水湾碕，疏篱门径，淡抹墙腰月。灞桥清思，向人一片愁绝。　　堪笑滕六羞慵，三年刻楮，悭放玲珑叶。争得并刀双练带，裁出春风千靥。重按瑶华，新翻白苎，舞趁金钗节。玉龙擎重，为予飞动鳞鬣。

张玉娘

张玉娘（1250—1277），字若琼，号贞一居士，松阳（今属浙江）人。宋提举官张懋之女，性慧敏。著有《兰雪集》。

蕙兰芳引

秋　思

星转晓天，戍楼听，单于吹彻。拥翠被，香残霜杵，尚喧落月。楚江梦断，但帐底、暗流清血。着臂销金钏，一寸眉交千结。　　雨阻银屏，风传锦字，怎生休歇？未应轻散，磨宝簪将折。玉京缥渺，雁鱼耗绝。愁未休，窗外又敲黄叶。

此词哀艳入骨，表现出对所爱深切的怀念。书载：张玉娘早年许配给沈俭，其后，父母爽约，玉娘却矢志不渝，与沈俭书信，以死自誓。沈俭卒后，玉娘也郁郁而终。词中有“磨宝簪将折”一语，可见是在婚姻出现问题后所写的作品。

欧阳玄

欧阳玄（1283—1357），字原功，号圭斋，浏阳（今湖南浏阳）人。少聪颖，及长，淹贯诸子百家及伊洛之学源流。延祐二年（1315），元恢复科举后首批进士，累官至翰林学士。曾奉诏编修《经世大典》“四朝实录”等，总裁宋、辽、金三史修撰。卒赠大司徒柱国，追封楚国公。在官四十余年，凡宗庙朝廷文册典诰，多出其手。海内名山大川释老之宫，王公贵人墓隧之碑，得其文词以为荣。有《圭斋文集》。

渔家傲

八月都城新过雁，西风偏解惊游宦。十载辞家衣线绽。清宵半，家家捣练砧声乱。　　等待中秋明月玩，客中只作家中看。秋草墙头萤火烂。疏钟断，中心台畔流河汉。

西风、过雁、砧声、秋月、秋草、萤火、疏钟，构成了萧疏的氛围，也勾起了落寞的思绪。“客中只作家中看”一句，透露沉重、无奈的心情，却以平淡之语出之，实为时人所未道。

张 埜

张埜（yě。生卒年不详），淳祐九年（1249）前后在世，字野夫，邯郸（今河北邯郸）人。官翰林学士，工词。著有《古山乐府》二卷。

水 龙 吟

酹辛稼轩墓在分水岭下

岭头一片青山，可能埋得凌云气。遐方异域，当年滴尽，英雄清泪。星斗撑肠，云烟盈纸，纵横游戏。漫人间留得，阳春白雪，千载下，无人继。　　不见戟门华第。见萧萧竹枯松悴。问谁料理，带湖烟景，瓢泉风味？万里中原，不堪回首，人生如寄。且临风高唱，逍遥旧曲，为先生酹。

上片从吊辛稼轩墓写起，想见其为人，想见其文章。下片从辛稼轩墓前景色，想到他的故居风物，想到古今人情世态。大气包举，健笔纵横，时而激昂慷慨，时而低回婉转。思怀稼轩而深得稼轩笔意，是此词一大佳处。

沁　园　春

泉南作

自入闽关，形势山川，天开两边。见长溪漱玉，千瓴倒建；群峰泼黛，万马回旋。石磴盘空，天梯架壑，驿骑蹒跚鞭不前。心无那，恰鹧鸪声里，又听啼鹃。　区区仕宦谁怜。道有志从来铁石坚。但长存一片，忠肝义胆；何愁半点，瘴雨蛮烟。尽卷南溟，不供杯杓，得遂斯游岂偶然。天公意，要淋漓醉墨，海外流传。

此词作于福建泉州之南。写河山景色，极险峨，极壮美，却又是为表现自己的忠肝义胆与广阔胸襟取势，便有气吞河岳之概。

王　旭

王旭（生卒年不详），字景初，号兰轩，东平（今山东东平）人。家贫力学，一生不仕。曾游历扬州、杭州、南昌、长沙等地，足迹半天下。与同郡王构、永年王磐俱以文章名世，号为“三王”，然唯有他潦倒一生。其诗不事雕琢，气格超迈，词多登临、感遇之作，清孤不群，慨叹遥深。著有《兰轩集》。

大江东去

离豫章，舟泊吴城山下作

南游三载，只江山，不负中原诗客。万里行装无别物，满意风云泉石。牛斗星边，灵槎缥渺，鬓影银河湿。哀歌谁和，剑光摇动空碧。　　回首帝子长洲，洪崖仙去，风雨鱼龙泣。海外三山何处是？黄鹤归飞无力。天下佳人，袖中瑶草，日暮空相忆。乾坤遗恨，月明吹入长笛。

豫章景物，赣江风雨，牵动情思，作者逶迤落笔而寄旨遥深，“乾坤遗恨”，是全词结穴之笔。此词既从故实兴感，又重空灵想象，两者结合，呈现出清逸典雅的韵味。

张可久

简介见前。张可久词作今存六十余首，其词风小令清雅，慢调豪放，与曲的风格几乎一致。他常用《太常引》《人月圆》等调，词牌曲牌全同，这说明了词和曲的创作互相影响、促进的程度。

百　字　令

春日湖上

扣舷惊笑，想当年行乐，绿朝红暮。曲院题诗人去远，别换一番歌舞。鸥占凉波，莺巢小树，船阁鸳鸯浦。画桥疏柳，风流不似张绪。　　闲问苏小楼前，夕阳花外，归燕曾来否？古井香泉秋菊冷，坡后神仙何许？醉眼观天，狂歌喝月，夜唤西林渡。穿云笛响，背人老鹤飞去。

春日游湖，追怀往事，从而想到过去西湖的景色，想起了许许多多曾在西湖居处的历史人物，不禁生出淡淡的哀愁。此词笔调潇洒，命辞清俊，用力于不温不躁、不深不浅之间，恰好掌握住略抒惆怅的火候。下片尤注意处处关合湖景用典，既属婉雅工稳，又是逸兴遄飞，显得风流蕴藉，洵是词中佳作。

人　月　圆

客垂虹

三高祠下天如镜，山色浸空蒙。莼羹张翰，渔舟范蠡，茶灶龟蒙。　　故人何在？前程莫问，心事谁同，黄花庭院，青灯夜雨，白发秋风。

上片从三位高人的事迹起兴，下片以三组意象映托眼前自己处境的萧瑟。显得委婉舒徐，深隽有致。按此调多四字句，极易板滞，而诗人写来挥洒自如。末三句，三组意象客观地并列，却能诱导读者理解诗人丰富的主观世界。

安 熙

安熙（1269—1311），字敬仲，真定藁城（今属河北）人。少年时倾慕刘因的学问，刘因也愿安熙成为自己学问上的传人。由于刘因去世，二人终未成为师徒。著有《默庵集》。

酹 江 月

登古容城有感，城阳则静修先生故居

天山巨网，尽牢笼，多少中原人物。赵际燕陲空老却，千仞岩岩苍壁。古柏萧森，高松偃蹇，不管飞冰雪。慕膻群蚁，问君谁是豪杰？　　重念禹迹茫茫，兔狐荆棘，感慨悲歌发。累世兴亡何足道，等是轰蚊飞灭。湖海襟怀，风云壮志，莫遣生华发。中天佳气，会须重见明月。

起首三句，笼罩全局。中间多种感慨，均在大处落墨。上片从苍壁、古柏、高松联想到群蚁。下片从眼前荆棘兔狐推想到累世兴亡，笔势跳跶而遒劲。结句写对前景的瞻望，显得胸襟广阔，充满信心。整首词大气包举，给人以磅礴恢宏的印象。

许有壬

许有壬（1287—1364），字可用，汤阴（今河南汤阴）人。延祐二年（1315）进士，历官监察御史，中书参知政事、集贤大学士等。历仕七朝，为官达五十年之久。善笔札，工词章，著有《圭塘小稿》。

满 江 红

次汤碧山清溪

木落霜清，水底见、金陵城郭。都莫问、南朝兴废，人生哀乐。载酒时时寻伴侣，倚阑处处皆楼阁。对溪云，试放醉时狂，浑如昨。　　沙洲外，轻鸥落。风帘下，扁舟泊。更寒波摇漾，绿蓑轻箬。为问九原江总道，繁华何似今凉薄。怕素衣，京洛染缁尘，从新濯。

起首以看到金陵城郭的水影落笔，即给人以镜花水月的感觉。此后笔势一路摇曳，时疏时密，盘旋婉曲，既叹息繁华消逝，又乐此清冷幽闲。末句强调洁身自好，洗濯尘垢，又与溪水关合呼应，章法缜密而富有理趣。

鹊 桥 仙

赠可行弟

花香满园，花阴满地，夜静月明风细。南坡一室小如舟，都敛尽，山林清致。　竹帘半卷，柴门不闭，好个暮春天气。长安多少晓鸡声，管不到，江南春睡。

轻新圆熟，吐属自然，是许有壬词作的特色。本词在描写村居闲散优雅的景色后，总括一句，“好个暮春天气”，发自肺腑，道出了无官一身轻的感受。

张　翥

张翥（1287—1368），字仲举，晋宁（今江苏武进）人。早年居杭州，受业于理学家李存，又从仇远受诗法。初为国子助教，后退居淮东。复起为翰林编修，预修宋、辽、金三史。累官至翰林学士承旨，加河南行省平章政事。诗词俱佳，就内容而言，清代四库馆臣认为他“一身历元之盛衰，故其诗多忧时伤乱之作。”就艺术水平而言，《元史》编纂者说他，“长于诗，其近体、长短句尤工”。而清代的陈廷焯甚至认为他是元代词坛的中流砥柱，说“仲举词树旨甚高，寓意亦远，元词之不亡者，赖有仲举耳”。(《白雨斋词话》)

张翥认为诗歌创作要顺性情之自然，要有自己的个性。他在《午溪集序》中指出：“必使事物情景，融液混圆，乃为窥诗家室堂。盖有变若极而无穷，神若离丽相异，意引语尽而有遗音。则夫抑扬起伏、缓急浓淡，力于刻画点缀，而一种风度自然，虽使古人复生，亦止乎是而已矣。”著有《蜕庵集》《蜕岩词》等。

六州歌头

孤山寻梅

孤山岁晚，石老树槎丫。逋仙去，谁为主？自疏花，破冰芽。乌帽骑驴处，近修竹，侵荒薛，知几度，踏残雪，趁清霞？空谷佳人，独耐朝寒峭，翠袖笼纱。甚江南江北，相忆梦魂赊。水绕云遮，思无涯。　　又苔枝上，香痕沁，幺凤语，冻蜂衙。瀛屿月，偏来照，影横斜。瘦争些。好约寻芳客，问前度，那人家。重呼酒，摘琼朵，插鬟鸦。唤起春娇扶醉，休辜负锦瑟年华。怕流芳不待，回首易风沙，吹断城笳。

上片写寻梅，下片写赏梅。在描绘中既掺杂着从没有寻到至寻到的喜悦，又从不同的角度表现对梅的怜惜。既着力刻画梅花的美，又注意化用前人诗句，进一步把梅花诗化。种种奇思妙想，聚于笔端，显得变幻多彩。所以卓人月许为有“飞鸿戏海，舞鹤游天”之势。

百　字　令

芜城晚望

碧天向晚，远云开、疑是江南山色。渺渺孤鸿残照外，独上高楼望极。鸡散台空，萤沉苑废，龙去沟无迹。英雄安在？千秋恨血凝碧。　　我欲携酒重来，佛狸祠下，字暗苍台石。社鼓神鸦浑不见，一片青青荠麦。夜月琼枝，春风水调，肯慰淹留客？翩然归去，天风扶下双舄。

独上高城，纵目远眺，只见云树渺溟，孤雁飞渡，夕阳历乱，荠麦青青。江南过去的繁华，英雄过去的业迹，也一齐奔来眼底。抚今追昔，作者不禁产生了黍离之感。词中多次用

“孤”“残”“散”“沉”“废”“暗”“恨血”“苍台”等字眼，更显得意象凄迷沉郁。末句写忽萌归心，把一切丢开，表示“翩然归去”。其实，这种姿态，恰好说明在晚眺时感情的沉重。

踏　莎　行

江上送客

芳草平沙，斜阳远树，无情桃叶江头渡。醉来扶上木兰舟，将愁不去将人去。　　薄劣东风，夭斜落絮，明朝重觅吹笙路。碧云红雨小楼空，春光已到消魂处。

此词写江上送客，情意缠绵而笔意明快。上片结句“将愁不去将人去”，有其特色。人走了，愁却留下，这不同于李清照【武陵春】“只恐双溪舴艋舟，载不动许多愁”；辛弃疾【水调歌头】“明夜扁舟去，和月载离愁”；苏轼【虞美人】“无情汴水自东流，只载一船离恨向西州”。

临　江　仙

梁山舟中

羡杀渔村无畔岸，茫茫杨柳蒹葭。雨余秋涨没汀沙。惊鸿投别渚，浴鸟坐沉槎。　　残日篱头闲晒网，垂髫来卖鱼虾。得钱沽酒径归家。一声横笛外，烟火隔芦花。

劈头“羡杀渔村”四字，点出题旨。上下两片，写渔村秋色，写村里人家，一派闲散优悠景象。冲淡浅近的笔墨，恰好表现出渔村自然恬适的天趣。而作者看中了这一块“乐土”，又和他厌恶尘俗的喧嚣有关。

李齐贤

李齐贤（1288—1367），字仲思，号益斋，高丽（今朝鲜）人。二十八岁时为忠善王赏识，侍从至大都（今北京），在元朝生活近三十年，广游大江南北，曾任西海道安廉使。与赵孟頫、钟嗣成等人友善。著有《益斋乱稿》等。

巫山一段云

远浦归帆

南浦寒潮急，西岑落日催。云帆片片趁风开，远映碧山来。　　出没轻鸥舞，奔腾阵马回。船头浪吐雪花堆，画鼓殷春雷。

况周颐《蕙风词话》云：“益斋词写景极工。【巫山一段云】‘云帆片片趁风开’云云，笔姿灵活，得帆随湘转之妙。”下片“出没轻鸥舞，奔腾阵马回”两句，写归帆的轻捷和气势，充满动感，充满活力，尤为出色。

太常引

暮行

栖鸦去尽远山青，看暝色，入林垌。灯火小于萤。人不见，苔扉半扃。　　照鞍凉月，满衣白露、系马睡寒厅。今夜候明星。又何处，长亭短亭。

从远山青青，到暝色入林，到灯火人家，这视觉的推移，是写暮行由远及近的过程。下片写旅途投宿。凉月照征鞍，白露满衣裳。檐前系马，厅中独睡，却又眼睁睁等待天明，真是疲惫孤寂到无以复加。最妙的是，这暂歇脚的情态，正好映衬出暮行的凄苦。此词不作藻饰，淡淡写来，而尽得幽野之美。

满江红

相如驷马桥

汉代文章，谁独步，上林词客。游曾倦，家徒四壁，气吞七泽。华表留言朝禁闼，使星动彩归乡国。笑向来，父老到如今，知豪杰。　　人世事，真难测；君亦尔，将谁责？顾金多禄厚，顿忘畴昔。琴上早期心共赤，镜中忍使头先白。能不改，只有蜀江边，青山色。

封建时代后期，具有进步思想的人，开始重视和强调妇女权益，于是文坛上出现了谴责负心人的作品。但以词作讽刺，倒不多见。此词别开生面，笔墨尖刻。末句轻轻拈出，而力重千钧。

李孝光

李孝光（1285—1350），字季和，浙江温州人。学问渊博、隐居雁荡山五峰下，读书授徒。元顺帝至正七年（1347）召为秘书监著作郎，越年升文林郎、秘书监丞。李孝光颇有文名，当时人称“前有虞（集）范（椁），后有李（孝光）杨（维桢）”。现存词二十二首，风格豪迈粗犷。著有《五降集》。

满　江　红

烟雨孤帆，又过钱塘江口。舟人道：官侬缘底，驱驰奔走？富贵何须囊底智，功名无若杯中酒。掩篷窗，何处雨声来，高眠后。　　官有语，侬听取。官此意，侬知否？叹果哉忘世，于吾何有？百万苍生正辛苦，到头苏息悬吾乎。而今归去又重来，沙头柳。

此词设计了舟人和官员的对话，俨如河边对口曲。上片主要是舟人语，下片则是当官者答，生动有趣，别开生面。诗人明知归隐舒服，为官艰难，但“百万苍生正辛苦”，斯人不出，如苍生何！通过一问一答，诗人刻画了一位官场中人的内心状态。封建时代，确也有一些忧国忧民之士，不计较个人成败利钝，明知不可为而为之。这些人，也应得到肯定。

赵　雍

赵雍（1289—?），字仲穆，湖州（今浙江吴兴）人。赵孟頫第二子。至元末以祖荫守昌国（今浙江定海）、海宁（今浙江海宁）二州，累官集贤待制，同知湖州路总管府事。以书画知名。其词作有婉丽之风。

摊破浣溪沙

春草萋萋绿渐浓，梨花落尽晚来风。试问相逢何处好，小楼东。　　朱箔影移无限恨，玉箫声转曲将终。独倚阑干谁是伴，月明中。

晚春时节，融和天气，约定在小楼之东幽会。可是月影渐移，箫声将尽，伊人不至。独倚栏杆，心里不禁涌起幽幽的情绪。此词描情写景，多用烘托手法。流畅的语言，婉丽的风格，给人以美的享受。

宋 絅

宋絅（jiǒng。1292—1344），字显夫，大都（今北京）人，宋本之弟。二人皆才识渊博，时称“大宋小宋”。泰定元年（1324）进士，累官翰林学士，兼经筵讲官、监察御史等。在当时颇有诗名，人称其诗风“精深幽丽”“清新飘逸”，抒情叙事，常作出尘之想。著有《燕石集》。

菩 萨 蛮

丹阳道中

西风落日丹阳道，竹冈松阪相环抱。何处最多情，练湖秋水明。　　驿城那惮远，佳句初开卷。寒雁任相呼，羁愁一点无。

此词轻盈灵动，一反从来羁愁离忧的写法，见出作者的超脱旷达。况周颐《蕙风词话》说：“宋显夫【菩萨蛮】《丹阳道中》云：‘何处最多情，练湖秋水明’，视杨升庵‘塘水初澄似玉容’句，微妙略同，而超逸过之，非慧心绝世，曷克领会到此！”

罗志仁

罗志仁，号壶秋，安徽涂川人。生平事迹不详。词作见于《元草堂诗余》《词综》《历代诗余》等集中。

霓裳中序第一

四圣观

来鸿又去燕。看罢江湖收罢扇。漫湖曲，雕阑倚倦。正船过西陵，快篙如箭。凌波不见，但陌花遗曲凄怨。孤山路、晚蒲病柳，淡绿锁深院。　　离恨，五云宫殿。记旧日，曾游翠辇。青红如写便面。怅下鹄池荒，放鹤人远。粉墙随岸转，漏碧瓦，残阳一线。蓬莱梦，人间那信，坐看海涛浅。

此词委婉缠绵，曲折有致。上片写湖景山景，凄清黯淡，下片从四圣观的寂寥残破想到过去的繁盛，也想到人世的变幻。篇中用“正”“但”“记”“怅”等字，或领起，或转折，使铺叙中有变化，抒情时有开阖。末句以神仙境界也经历沧桑的感慨作结，与首句“来鸿又去燕”呼应，深得前后贯串神来气来的旨趣。

倪　瓒

简介见前。倪瓒平生不屑苦吟，而好神思高远，人称逸品。所居清閟阁，藏法书名画甚多。其书画，林木平远，无尘俗气，一竹一石，均有意韵，与诗词同一机杼。有《清閟阁集》十二卷。

人　月　圆

伤心莫问前朝事，重上越王台。鹧鸪啼处，东风草绿，残照花开。　　怅然孤啸，青山故国，乔木苍苔。当时明月，依依素影，何处飞来？

池柳青青，又想起了谢灵运忽惊季节变幻的诗句。则梦中所见，不言而喻。下片推想如今归家所见破败境况，描述眼前自己凄清的处境，眷恋之情，溢于言表。结句尤写得空灵隽秀，余意不尽。

太　常　行

寿彝斋

柳阴濯足水侵矶，香度野蔷薇。芳草绿萋萋，问何事，王孙未归。　　一壶浊酒，一声清唱，帘幙燕双飞。风暖试轻衣，介眉寿，遥瞻翠微。

祝寿之词不易工。张炎说：“难莫难于寿词，倘尽言富贵，则尘俗；尽言功名则谀佞；尽言神仙则迂阔虚诞。”（《词源》卷下）此词全从闲适着笔，祝彝斋活得潇洒，故况周颐在《蕙风词话》评云：“寿词如此着笔，脱然畦封，方雅超逸。寿字只于结处一点，可以为法。”

薛昂夫

简介见前。薛昂夫有诗名，自命为“千古一人”。王德渊称其“诗词清严飘逸，如龙驹奋迅，有并驱八骏一日千里之想。”（《九皋诗集序》）《太和正音谱》评其词“如秋兰独茂”，“如松阴鹤鸣”，“如雪窗翠竹”，风格既激越而又流丽。现存词作二阕，见《元草堂诗余》。

最　高　楼

暮春作

花信紧，二十四番愁。风雨五更头。侵阶苔藓回罗袜，逗衣梅润试香篝。绿窗闲，人梦觉，鸟声幽。　按秦筝，学弄相思调。写幽情，恨杀知音少。向何处，说风流？一丝杨柳千丝恨，三分春色二分休。落花时，流水里，两悠悠。

暮春时节，阴雨梅天，知音人去，寂寞孤独。“向何处，说风流”是全词核心。“一丝杨柳千丝恨，三分春色二分休”一联，扣紧暮春题意，一虚一实，流畅隽永，尤觉精警。

李　琳

李琳，字梅溪，湖南长沙人。生平事迹不详。其词存《员草堂诗余》。

六　幺　令

京中清明

淡烟疏雨，香径渺啼鴂。新晴画帘闲卷，燕外寒犹力。依约天涯芳草，染得春风碧。人间陈迹。斜阳古今，几缕游丝趁飞蝶。　　谁向尊前起舞，又觉春如客。翠袖折取嫣红，笑与簪华发。回首青山一点，檐外寒云叠。梨花摇叶，柳花飞絮，梦绕栏干满园雪。

春光易逝，人生易老，每到清明时节，骚人墨客总流露眷恋春光的情绪。此词上片写景为主，景中注情；而以“谁向尊前起舞，又觉春如客”两句转捩，下片以抒情为主，情中叙景。则赏春惜春，前后掩饰。咏怀之婉曲，体物之工细，堪称独步。故况周颐《蕙风词话》称：“此词语淡态浓，笔留神往。”

萨都剌

萨都剌（1308—?），字天锡，号直斋，回族人，一说为蒙古族人，居雁门（今山西代县）。出身将门，家道中衰，曾经商事亲。弱冠登泰定四年（1327）进士，历官福建道廉访司知事、河北道廉访司经历等。他是元代后期重要的诗词作家，一生写了大量作品，有些诗歌还涉及当时重大的政治事件，对民生疾苦、宫廷奢侈时常注目，发为歌吟，显得沉雄慷慨。前人一般认为他的作品风格“清而不佻，丽而不秾”，其实，除清丽外，萨都剌的风格是颇为多样的。至于他的词作，都写得很出色。关于萨都剌晚年的情况，史家说法不一。钱谦益《列朝诗集小传》说他曾入起义军方国珍幕下。一说他以战乱避杭州、安庆等地，不知所终。著有《雁门集》三卷，集外诗一卷。

满　江　红

金陵怀古

六代豪华，春去也，更无消息。空怅望，山川形胜，已非畴昔。王谢堂前双燕子，乌衣巷口曾相识。听夜深寂寞打孤城，春潮急。　　思往事，愁如织；怀故国，空陈迹。但荒烟衰草，乱鸦斜日。玉树歌残秋露冷，胭脂井坏寒螿泣。到如今只有蒋山青，秦淮碧。

此词虽从六代豪华、金陵史事入手，但涵盖面绝非一个时期、一个地域，它是对千古兴亡宇内沧桑的概括，写来气足神完，深沉邈远。其中化用刘禹锡咏金陵诗意，自然贴切，一气呵成，堪称元词上乘之作。

酹　江　月

登凤凰台怀古

六朝形胜，想绮云楼阁，翠帘如雾。声断玉箫明月底，台上凤凰飞去。天外三山，洲边一鹭，李白题诗处。锦袍安在，淋漓醉墨飞雨。　　遥忆王谢功名，人间富贵，散草头朝露。淡淡长空孤鸟没，落日招提铃语。古往今来，人生无定，南北行人路。浩歌一曲，莫辞别酒频注。

登凤凰台，从台上景色想到李白的名篇，想到李白其人，便又生发出许多感慨。写得淋漓慷慨，大气包举。人世的沧桑变幻，虽使作者怅惘荒凉，但仍不掩俊逸豪迈之气。结句“浩歌一曲，莫辞别酒频注”，写得潇洒，可谓善学李白者。

水　龙　吟

赠　友

王郎锦带吴钩，醉骑赤鲤银河去。绛袍弄月，银壶吸酒，锦笺挥兔。秃鬓西风，短篷落月，东吴西楚。怅丹阳郭里，相逢较晚，共剪烛，西窗雨。　　文采风流俊伟，碧纱巾挂珊瑚树。出门万里，掀髯一笑，青山无数。扬子江头，冻沙寒雨，暮天飞鹭。待明朝酒醒，金山过，瓜洲渡。

此词以俊美的描绘，夸张的想象，把其友“文采风流俊伟”的形象，烘托得活灵活现。而作者对其友人品的倾慕以及相聚时欢欣的心情，也在摹写中自然流出。最妙的是，作者还把自己落拓的形象与其友映衬，表明自己境遇虽与友不同，但胸襟气度却与其友一样开阔洒脱，所以彼此意气相投，心神契合。

百　字　令

登石头城

石头城上，望天低吴楚，眼空无物。指点六朝形胜地，唯有青山如壁。蔽日旌旗，连云樯橹，白骨纷如雪。一江南北，消磨多少豪杰！　　寂寞避暑离宫，东风辇路，芳草年年发。落日无人松径里，鬼火高低明灭。歌舞尊前，繁华镜里，暗换青青发。伤心千古，秦淮一片明月。

作者纵目千古，俯视苍茫，兴亡变幻，总揽胸中。所以，此词意境极阔大，感慨极深沉。而于恢宏处复有“暗换青青发”的细致描写，结句忽又放开，显得疏密相间，张弛适度。宋代王安石有《桂枝香·金陵怀古》，写得清迥遒劲，传为绝唱。萨都剌此词与其命意相近，而沉雄过之，前后辉映，各擅胜场。

木兰花慢

彭城怀古

古徐州形胜，消磨尽，几英雄。想铁甲重瞳，乌骓汗血，玉帐连空。楚歌八千兵散，料梦魂，应不到江东。空有黄河如带，乱山起伏如龙。　　汉家陵阙动秋风，禾黍满关中。更戏马台荒，画眉人远，燕子楼空。人生百年如寄，且开怀，一饮尽千钟。回首荒城斜日，倚栏目送飞鸿。

彭城形胜，为兵家必争之地，在这里，曾“消磨尽，几英雄”。但世事如棋，人生如寄，英雄成败，不堪回首。败固可悲，胜亦可哀，因为无论胜者败者，终究沉埋在荒烟蔓草之中。从这个角度看，这首《彭城怀古》与前面几首怀古词相比，则在沉雄中透出豁达。作者选用平韵词调，舒徐悠扬，其低回喟叹的意味，也和选用仄韵以表达激越的情绪不同。而在追忆英雄角逐当中，忽插入与彭城有关的风流韵事，让红粉佳人点染金戈铁马秋风汉阙。这摇曳生姿的一笔，别有一番风致。

邵亨贞

邵亨贞（1309—1401），字复孺，号清溪，云间（今上海松江）人。生当元明之际，曾任松江府学训导，博通经史，工篆隶。所作诗歌今已不传，词作上承周邦彦，清丽富赡，颇有可观。有《远野处集》《蛾术词选》等。

浣　溪　沙

西子湖头三月天，半篙新涨柳如烟。十年不上断桥船。　　百媚燕姬红锦瑟，五花宛马紫丝鞭。年年春色暗相牵。

词写得清俊可喜。过片两个对句则工丽婉媚。一说，在南方的西湖，充斥着燕姬胡马，这意味着大量少数民族的游客，涌进了江南富庶之区，情况正与“北语南人说”相同。因此，此词潜藏着民族意识，与一般描绘西湖风景的作品不同。

顾德辉

顾德辉（1310—1369），字仲瑛，昆山（今江苏昆山）人。早年举茂才，屡辟官不就。轻财结客，年三十方专致读书。凡古书名画、彝鼎珍玩，所购颇多，并筑“玉山佳处”别墅藏之。日夕与客饮酒赋诗其中，四方文学之士，尝集于此。风流才情，声著东南。元末战乱，顾德辉采取逃避现实的态度，两次拒绝张士诚义军的招聘。后削发出家，自号金粟道人。其生活道路，决定了他的作品基调，属闲适疏淡一路。著有《玉山草堂集》。

青　玉　案

彦成以他故去，作此怀之

春寒恻恻春阴薄，整半月，春萧索。晴日朝来升屋角。树头幽鸟，对调新语，语罢双飞却。　红入花腮青入萼，尽不爽，花期约。可恨狂风空自恶。晓来一阵，晚来一阵，难道都吹落。

此词把写景与怀人结合起来。“树头幽鸟”的对语，使人想起了“嘤鸣求友”的诗篇，意识到“语罢双飞却”与小序

“以他故去”的联系。况周颐《蕙风词话》云：“顾仲瑛《青玉案》过拍云‘晴日朝来升屋角。树头幽鸟，对调新谱，语罢双飞却。’眼前景物，涉笔成趣，犹在宋人范围之中。歇拍‘可恨狂风空自恶，晓来一阵，晚来一阵，难道都吹落’云云，即坠元词藩篱，再稍纤弱，即成曲矣。”所评亦是。但说歇拍近曲，我们倒可以从另一个角度，看到曲与词两种体裁的相互影响。

何可视

何可视（生卒年不详），字思明，自号烂柯樵者，嘉兴（今浙江嘉兴）人。生平事迹不详。

玉 楼 春

邻鸡喔喔晨窗白，檐树深沉初辨色。鸳鸯瓦上露溶溶，翡翠帘边风瑟瑟。　　小楼一半屏山隔，不灭银釭通照夕。还乡好梦却忘愁，梦破那堪仍在客。

上片是羁旅梦醒时的凄清景象，以“鸳鸯瓦”“翡翠帘”等丽词点染，这与换头写梦中和闺中人相聚情景，均有反衬作用。

陶宗仪

陶宗仪，字九成，号南村，黄岩（今浙江黄岩）人，约生活于元代末期。曾试进士不第，遂绝意仕进。家贫，教授自给。明初累征不就，晚年出任教官。

陶宗仪工诗文，精通字学，勤于记述典章。客居松江（今上海松江）时，于稼穑间有所得，则摘树叶记之，积累十年，写成《辍耕录》三十卷。另著有《南村诗集》，辑有《说郛》《史书会要》等。

南　浦

会波村，在松江城北三十里，其西九山离立，若幽人冠带拱揖状，一水兼九山南过村外，以入于海，而沟塍畎浍，隐翳竹树间。春时桃花盛开，鸡犬之声相闻，殊有武陵风概，隐者停云子居焉。一舟曰水光山色，时放乎中流，或投竿，或弹琴，或呼酒独酌，或哦咏陶谢韦柳诗，殆将与功名相忘。尝坐余舟中作茗供，襟袍清旷，不觉度成此曲，主人即谱入中吕调，命洞箫吹之，与童子樵歌相答，极鸥波缥渺之思云。

如此好溪山，羡云屏九叠，波影涵素。暖翠隔红尘，空明里，著我扁舟容与。高歌鼓枻，鸥边长是寻盟去。头白江南，看不了，何况几番风雨。　　画图依约天开，荡清晖，别有越中真趣。孤啸拓篷窗，幽情远，都在酒瓢茶具。水荭摇晚，月明一笛潮生浦。欲问渔郎无恙否？回首武陵何许。

山似云屏，水如暖翠，溪山景色是明艳动人的，而在溪山里的人，扁舟容与，倚窗听笛，其心情是恬淡闲适的。这景色与情怀，浓淡相间，虚实相生，别饶趣味。末句以问作结，更显得委婉深曲，幽情渺远。

黄子行

黄子行，字蓬瓮，修水（今江西修水）人。生平事迹不详。有《蓬瓮寐语》。

小　重　山

一点斜阳红欲滴，白鸥飞不尽，楚天碧。渔歌声断晚风急，搅芦花飞雪满林湿。　　孤馆百忧集，家乡千里远，梦难觅。江湖风月好收拾，故溪云深处著蓑笠。

上片写黄昏时分眼前所见的溪云，而以想象在故乡溪云中徜徉作结，前后照应，词意浑成，语言流畅，洵是伤秋思家的佳作。

刘　铉

刘铉，字鼎玉，生平里籍不详。词作见《元草堂诗余》。

蝶　恋　花

送　春

人自怜春春未去，萱草石榴，也能解春住。只道送春无送处，山花落得红成路。　　高处莺啼低蝶舞，何况日长，燕子能言语。付与光阴相客主，晴云又卷西边雨。

词贵有俊辞妙谛。如此词“只道送春无送处，山花落得红成路”两句，清丽隽永，读来满口余香。诗人原以为没法知道春归的踪影，谁知春天却以落花铺满一条归去的路。抑扬处如行云流水，真是信手拈来，自成佳趣。

曾允元

曾允元，字鸥江，西昌（今江西泰和）人。生平不详。词作见《元草堂诗余》。

点　绛　唇

一夜东风，枕边吹散愁多少？数声啼鸟，梦转纱窗晓。　来是春初，去是春将老。长亭道，一般芳草，只有归时好。

此词写游子归家前的愉悦心情。上片说东风吹散了日积月累的愁，啼鸟叫醒了睡得宁帖的梦。下片说虽然春天将老，但芳草是归去时的好。作者夙愿能偿，轻松愉快，情之所寄，就连行将枯萎的草在他眼中，也变得娇美了。况周颐对此词下片评价特佳，说是“看似毫不吃力，政（正）恐南北宋名家未易道得，所谓自然从追琢中出也”。

段宏章

段宏章，字懒融，江西禾川人。生平不详。词作见《元草堂诗余》。

洞　仙　歌

荼　蘼

一庭晴雪，了东风孤注。睡起浓香占窗户。对翠蛟盘雨，白凤迎风，知谁见，愁与飞红流处。　　想飞琼弄玉，共驾苍烟，欲向人间挽春住。清泪满檀心，如此江山，都付与，斜阳杜宇。是曾约，梅花带香来，又自趁梨花，送春归去。

“一庭晴雪，了东风孤注”，一入手擒住题旨。从荼蘼开得极盛而凋谢在即的刹那，作者生发出许多想象，许多心事。他写的是荼蘼，也檃括了许多美好事物的命运，神余言外，是宋以来婉约派的家数。况周颐谓此词“为故国铜驼之感”，可备一说。因为诸如“如此江山，都付与，斜阳杜宇”之类句子，颇易引发读者进一步考察荼蘼的寓意。

张以宁

张以宁（1301—1370），字志道，古田（今福建古田）人。家住翠屏山下，自称翠屏山人。元泰定中举进士，官至翰林学士，为虞集之后文章方家。明初授侍读学士，卒于出使安南归途中。所作诗词，无元末纤弱之弊，清新秀拔，意境高远。有《翠屏集》。

明月生南浦

广州南汉刘鋹故宫铁铸四柱犹存，周览叹息之余，夜泊三江口，梦中作一词，觉而忘之，但记二句云：“千古兴亡多少恨，总付潮回去。”因隐括为此词。

海角亭前秋草路，榕叶风清，吹散蛮烟雾。一笑英雄曾割据，痴儿却被潘郎误。　　宝气销沉无觅处。薜晕犹残，铁铸遗宫柱。千古兴亡知几度，海门依旧潮来去。

此词有沉雄的气度，复出之以冷隽的笔法。“一笑”“痴儿”两语，神态轻蔑。末句把梦中词句“千古兴亡多少恨，总付潮来去”，改为“千古兴亡知几度，海门依旧潮来去”，抹去主观感慨的色彩，更能表现作者面对史迹，纵览兴亡，激动之余冷静反思的情怀。

刘 基

刘基（1311—1375），字伯温，青田（今浙江青田）人。元至顺二年（1331）进士，官至浙都行省参事，后弃官家居。朱元璋起兵反元，聘至金陵，恩礼有加，遂襄赞军务，佐定天下，任御史中丞，为明代开国功臣之一。明初各种典章制度多由其主持制定，封诚意伯。晚年被胡惟庸谮毁，郁愤而终，卒谥文诚。

刘基有文名，尤善小品，与宋濂并为一代文宗。在词方面亦有一定成就。叶蕃说他的词“感四时景物，托风月情怀，皆所以写其忧世拯民之心”。（《写情集序》）从艺术上看，其笔力遒劲，取象雄俊，巧于用典。长调写得豪宕夭矫，小令写得清逸有致。著有《诚意伯文集》《郁离子》等。

水 龙 吟

鸡鸣风雨潇潇，侧身天地无刘表。啼鹃迸泪，落花飘恨，断魂飞绕。月暗云霄，星沉烟水，角声清袅。问登楼王粲，镜中白发，今宵又添多少。　　极目乡关何处，渺青山髻螺低小。几回好梦，随风归去，被渠遮了。宝瑟弦僵，玉笙指冷，冥鸿天杪。但侵阶莎草，满庭绿树，不知昏晓。

明陈霆《渚山堂词话》云："刘未遇时，尝避难江湖间，往见有【水龙吟】一阕云云。此词当是无聊中作。风雨潇潇，不知昏晓，则有感于时代之昏浊。而世无刘表，登楼王粲，则自伤于身世之羁孤。"此说可谓得之。此词写出了风雨如晦的时代特征，在深沉的忧思中，流注着郁勃的气韵。

如　梦　令

一抹斜阳沙觜，几点闲鸥草际。乌榜小渔舟，摇过半江秋水。风起，风起，棹入白蘋花里。

好一幅淡雅清远的水墨图！画面没有人，但舟人的野兴、诗人的逸兴均跃然于纸上。

千　秋　岁

淡烟平楚，又送王孙去。花有泪，莺无语。芭蕉心一寸，杨柳丝千缕。今夜雨定，应化作相思树。　　忆昔欢游处，触目成前古。良会知何许。百杯桑落酒，三叠阳关句。情未了，月明潮上迷津渚。

此词写送别。"芭蕉心一寸，杨柳思千缕"与"百杯桑落酒，三叠阳关句"两联警绝，把饯别时的景色场面与情感交融在一起。一、千、百、三等数量词反复出现，既表现出情绪的激烈，而又变化错落，灵动自如。

沁　园　春

万里封侯，八珍鼎食，何如故乡！奈狐狸夜啸，腥风满地，蛟螭昼舞，平陆沉江。中泽哀鸿，苞荆隼鸨，软尽平生铁石肠。凭栏看，但云霓明灭，烟草苍茫。　　不须踽踽凉凉，盖世功名百战场。笑扬雄寂寞，刘伶沉湎，嵇生纵诞，贺老清狂。江左夷吾，隆中诸葛，济弱扶危计甚长。桑榆外，有轻阴乍起，未是斜阳。

此词上片议今，下片论古，纵横驰骋，笔墨淋漓。结句透露出自信和乐观的情绪。

临　江　仙

街鼓无声春漏咽，不知残夜如何。玉绳历落耿银河。鹊惊穿暗树，露坠滴寒莎。　　梦里相逢还共说，五湖烟水渔蓑。镜中绿发渐无多。泪如霜后叶，摵摵下庭柯。

以凄迷的夜色衬托心境的凄迷，以梦里友情的温暖和生活的闲适，反衬在现实中处境的无聊枯寂。从长夜难眠写到入梦，再写到梦醒，通篇是惨淡伤心语。

渔　歌　子

钓得鳊角不卖钱，瓷瓯引满看青天。芳树下，夕阳边，睡觉芦花雪满船。

得鱼举酒看天，酒后芦花胜雪。渔翁疏放兀傲之态可掬，也是诗人自己心态的写照。

瞿　祐

瞿祐（1341—1427），一作瞿佑，字宗吉，号存斋，又号山阴道人，钱塘（今浙江杭州）人。洪武中为宜阳训导、临安教谕，永乐中迁周王府长史，以诗祸编管保安，洪熙元年（1425）释归，复原职。博学多才，著述颇富。田汝成《西湖志余》云："瞿宗吉风情丽逸，著《剪灯新话》及乐府歌词，多偎红依翠之语，为时传诵。"

摸　鱼　儿

苏堤春晓

望西湖，柳烟花雾，楼台非远非近。苏堤十里笼春晓，山色空蒙难认。风渐顺，忽听得、鸣榔惊起沙鸥阵。瑶阶露润。把绣幕微搴，纱窗半启，未审甚时分。　　凭栏处，水影初浮日晕，游船未许开尽。卖花声里香尘起，罗帐玉人犹困。君莫问，君不见、繁华易觉光阴迅。先寻芳信。怕绿叶成阴，红英结子，留得异时恨。

本词写苏堤春晓的景色，细致入微。作者从堤外山光水色写到堤边楼台苍陌，复以早晨时分的鸣榔、卖花声点染，以游船缓驰、美女初醒映衬，使人感受到堤外堤里，春意盎然。末句以杜牧《叹花》诗意作结，引入遐思。

韩守益

韩守益，字仲修，号樗寿，湖北石首人。约生活于14世纪末至15世纪前半叶。官至河南道御史，因直言敢谏，屡遭贬谪，累犯明太祖旨，敕令力士铁锤扑击，差点被击毙。其后太祖怒消，又命太医院为他医治调理。刚直耿介，由此可见一斑。著有《樗寿稿》。

苏　武　慢

江亭远眺

地涌岷峨，天开巫峡，江势西来百折。击楫中流，投鞭思济，多少昔时豪杰！鹤渚沙明，鸥滩雪净，小艇鸣榔初歇。喜凭阑、握手危亭，偏称诗心澄澈。　　还记取、王粲楼前，吕岩矶外，别样水光山色。烟霞仙馆，金碧浮图，尽属楚南奇绝。紫云箫待，绿醑杯停，咫尺良宵明月。拚高歌、一曲清词，遍彻冯夷宫阙。

此词写得有气魄，有胸襟。起句的豪壮开阔与结句的飘逸浪漫遥相呼应，令人精神一振。

高　启

高启（1336—1374），字季迪，长洲（今江苏苏州）人。元末隐居吴淞江畔之青丘，因自号青丘子。有文名，与杨基、张羽、徐贲声望并著，称“吴中四杰”。明初召修元史，官翰林院编修，三年坚辞户部侍郎，被太祖朱元璋视为不肯与朝廷合作，加之以罪，腰斩于金陵。著有《青丘集》《扣舷词》等。

元末明初，诗风靡曼。高启的诗词创作，强调向传统模仿、学习，企图纠正颓风，但又创不出一条新的路子。《四库提要》说：“其诗拟汉魏似汉魏，拟六朝似六朝，拟唐似唐，拟宋似宋，凡古人之所长，无不兼之。振元末纤秾缛丽之色而反之于古，启实有力。然行世太早，殒折太速，未能镕铸变化，自为一家。”这是中肯的看法。

沁　园　春

雁

木落时来，花发时归，年又一年。记南楼望信，夕阳帘外；西窗惊梦，夜雨灯前。写月书斜，战霜阵整，横波潇湘万里天。风吹断，见两三低去，似落筝弦。　相呼共宿寒烟，想只在、芦花浅水边。恨呜呜戍角，忽催飞起，悠悠渔火，长照愁眠。陇塞间关，江湖冷落，莫恋遗粮犹在田。须高举，教弋人空慕，云海茫然。

杜甫有《孤雁》一诗，写一只失群的雁“飞鸣声念群”“相失万重云”，寄寓自己在乱离漂泊中的思想感情，世称佳作。萨都剌有《飞鸣食宿雁》诗：“雨暗芦花愁夜渚，露香菰米下秋田。平生千里与万里，尘世网罗空自悬。”写秋雁立意高飞逸举，脱身网罗。高启此词的韵味，既有杜诗的沉郁，又有萨诗的清劲。而在命意方面，显然更重于考虑逃避灾祸。世道崎岖，人心险恶，使作者萌发“须高举，教弋人空慕，云海茫然”的想法。

行 香 子

芙 蓉

如此红妆，不见春光。向菊前、莲后才芳。雁来时节，寒沁罗裳。正一番风，一番雨，一番霜。　　兰舟不采，寂寞横塘。强相依，暮柳成行。湘江路远，吴苑池荒。恨月蒙蒙，人杳杳，水茫茫。

王维《辛夷坞》一诗说：“木末芙蓉花，山中发红萼。涧户寂无人，纷纷开且落。”纯是“无我之境”。此词亦咏木芙蓉，但上片写它不见春光，受尽风霜；下片写它寂寞横塘，无人赏识。并于末句以“恨”字带起，则是“有我之境”。作者凄迷怨怼的感情，分明贯穿于对芙蓉的描写之中。

刘炳

刘炳（生卒年不详），字延章，鄱阳（今江西鄱阳）人。安庆左丞余阙礼待之以国士，后归附朱元璋，授中书博士厅咨议典签。有《春雨轩词》。

浪淘沙

寒食

石径土墙斜，桃李桑麻，纸钱飞处乱啼鸦。闲趁斜阳携榼去，寒食人家。　　苑树忆天涯，遗恨琵琶，铜驼衰草卧龙沙。汉寝唐陵无麦饭，暮雨梨花。

寒食扫墓，从民家坟冢想到前朝陵墓，从祭祀祖先想到人事代谢，家国兴亡，可谓思虑绵邈。末句“暮雨梨花”，意象凄婉。宋代秦观【鹧鸪天】词有“无一语，对芳樽，安排肠断到黄昏。甫能炙得灯儿了，雨打梨花深闭门”。李重元【忆王孙】词：“杜宇声声不忍闻，欲黄昏，雨打梨花深闭门。”均以这意象表现离情的凄苦。刘炳取其神髓，以纷纷暮雨和素白梨花衬托寒食景色，显得别饶韵味。

满江红

寄水北山人徐宗周

水北幽居，抱柴门、一溪寒玉。山万叠。青林当户，白云连谷。乳燕落红春又晚，柴桑三径多松菊。喜新晴，布谷又催耕，秧分绿。　　床头酒，何时熟？谋诸妇，明朝漉。谩黄鸡炊黍，共邀邻曲。旧梦风云销侠气，繁华看破知荣辱。系扁舟，罢钓晚归来，书还读。

此词于疏淡中流露豪俊，于潇洒处忽见奇娇。似说家常话，实贯牢骚语。“旧梦风云销侠气，繁华看破知荣辱”两句，举重若轻，足见作者阅历甚深。

贝 琼

贝琼（1314—1378），字廷琚，号清江，一名阙，字廷臣，崇德（今属浙江嘉兴）人。少从杨维桢学。元末领乡荐，遁乱居殳山，曾拒绝张士诚征召。洪武初征修元史，除国子监助教。博通经史，尤工于诗。与张美和、聂铉齐名，时称“成均三助”。有《清江集》。

水 龙 吟

春 思

楚天归雁千行，一书不寄相思苦。匆匆过了、踏青时节，更愁风雨。燕子黄昏，海棠春晓，几番凄楚。问谁能写，重重别恨，算除有，江淹赋。　　尚见银屏翠箔，抱琵琶夜调新谱。芳年易度，沈腰宽尽，白头如许。弱水三千，武陵一曲，重寻何处？念无情杜宇，年年此日，到淮南路。

上片触景生情，下片回首往事，迂回盘曲，清婉动人。毛稚黄论曲云：“长调如娇女步春，旁去扶持，独行芳径，徙倚而前，一步一态，一态一变。”此词即以情致见长，有一步一态之妙。

凌云翰

凌云翰（约1330—1390），字彦狮，仁和（今浙江杭州）人。至正十九年（1359）中举，不仕。明初，被荐为成都府学教授，后以渎职无能，贡举乏人，贬谪南荒。著有《拓轩集》。

蝶恋花

过雨春波浮鸭绿，草阁三间，人住清溪曲。旧种小桃多映竹，乱红遮断松间屋。　　有客抱琴穿翠麓，隔水呼舟，应是怜幽独。历历武陵如在目，几时同借仙源宿。

春波涨绿，乱红遮翠，清溪草屋，一片宁谧。有客忽来，隔水呼舟，打破寂静，更添了一番情趣。此词写得清新可喜。换头突出客至的喜悦，又以希望共剪窗烛、促膝谈心作结，这都是为了渲染居住的幽闲。

杨 基

杨基（1236—约1278），字孟载，号眉庵，祖籍嘉州（今四川乐山），后迁居吴中，遂为吴人。明初任荥阳知县，累官至山西按察使。因事免官被谪，卒于贬所。与高启、张羽、徐贲合称“吴中四杰”。著有《眉庵集》。

《乐府纪闻》载：杨基“少时曾见杨廉夫（维桢），命赋铁笛。诗成，廉夫喜曰：‘吾意诗境荒矣，今当让子一头地。’当时有老杨小杨之目。《眉庵词》饶有情致”。

清 平 乐

柳

欺烟困雨，拂拂愁千缕。曾把腰枝羞舞女，赢得轻盈如许。　　犹寒未暖时光，将昏渐晓池塘。记取春来杨柳，风流全在轻黄。

唐代诗人贺知章有七绝《咏柳》诗：“碧玉妆成一树高，万条垂下绿丝绦。不知细叶谁裁出，二月春风似剪刀。”清新活泼，千古传诵。此词把柳与人比拟，意在写出春天杨柳的神韵，虽与贺诗健康积极的气象有所不同，但清隽可喜，逗人遐思。

清平乐

狂歌醉舞，俯仰成今古。短发萧萧才几缕，听遍江南春雨。　　归来茅屋三间，桃花流水潺潺。莫向窗前种竹，先生要看西山。

诗人以脱俗不羁的口吻，表达内心的牢骚，寄旨遥深而气足神完。末句把典故翻新，说连那些使人忘俗的竹子也不要种，免得妨碍当窗寄傲，望山舒啸，这写法尤出人意外。

菩萨蛮

水晶帘外娟娟月、梨花枝上层层雪。花月两模糊，隔帘看欲无。　　月华今夜黑，全见梨花白。花也笑姮娥，让他春色多。

水晶帘与月亮，层层雪与梨花，掩映衬托，相互照影，显得玲珑剔透。“花月两模糊”，写尽了花光月影混为一体的神韵。但此词的重点在下片，其上片写花月交辉、意在实现“月华今夜黑”，让梨花独占春光。在诗人看来梨花似乎很得意，但这值得得意吗？诗人没有表态，留待读者自己判断。

蝶恋花

新制罗衣珠络缝，消瘦肌肤，欲试犹嫌重。莫信鹊声相侮弄，灯花几度成春梦。　风雨又将花断送，满地胭脂，补尽苍苔空。独自移将萱草种。金钗挽得花枝动。

新制华丽衣服，却又不愿穿上。伊人不在，女为谁容？四、五句是第二句的补足，多少次好梦成空，这是她消瘦肌肤的原因。下片写风雨残花，青春易逝；独种萱草，聊以排遣，是少妇在闺中等候归人的情态。此词绵丽清俊，寄旨遥深，所用“几度”“又”“独自”等词语，反复表达失落者的烦恼，读时尤应体味。

黄　澄

黄澄，洪武初年人，生平不详。

卖　花　声

人过天街，晓色担头红紫。满筠筐，浮浪花蕊。画靡睡醒，正眼横秋水。听新腔，一回催起。　　吟红叫白，报得蜂儿知未。隔东西，余音软美。迎门争买，早斜簪云髻。助春娇，粉香帘底。

此词着重从帘内美人听到卖花声的情态，表现帘外卖花姑娘声音的美和鲜花的美，构思独特，耐人寻味。卖花声，卖花情，声情并茂，春意盎然，使人仿佛徜徉在温馨旖旎的熏风里。

张红桥

张红桥（生卒年不详），闽县（今福建建瓯）人，才妓。居县红桥之西，因自号红桥。雅丽能诗。豪右纳彩，皆拒之。后归“闽中十子”之首林鸿，情感甚洽，唱和颇多。后林鸿赴金陵，红桥独坐小楼，感念成疾，不数月而终。

念 奴 娇

凤凰山下，恨声声、玉漏今宵易歇。三叠阳关歌未竟，城上栖乌催别。一缕情丝，两行清泪，渍透千重铁。重来休问尊前，已是愁绝。　　还忆浴罢描眉，梦回携手，踏碎花间月。谩道胸前怀荳蔻，今日总成虚设。桃叶津头，莫愁湖畔，远树云烟叠。翦烛帘幕，相思谁与说！

情真意切，婉曲缠绵，是此词最大特色。上片用“恨声声”“休问”“愁绝”等具有力度的字句，配合着“一缕情丝，两行清泪，渍透千重铁”层层递进的描写，使人深感别情之苦、愁怀之重。换头忽转写对过去恩爱生活的回忆，归结到“今日总成虚设”。前后影衬，章法严整。全篇无浮泛语，笔墨俱从心头中流出。

程立本

程立本（？—1402），字原道，号巽隐，桐乡（今浙江桐乡）人。洪武九年（1376）以明经擢秦、周二王府引礼官，因事被谪。又以安抚少数民族有功，召入翰林，历官至江西按察副使。其后，燕王（即后来的明成祖朱棣）发动政变，建文皇帝逃亡，程立本自缢而死。著有《巽隐集》。

清平乐

山翁归去，记得来时路。雨涨溪泉人不渡，花外鸟啼何处？　　人间不是山中，高怀都付丝桐。一曲瑶池宴罢，春风吹尽残红。

上片写山翁归去的情景，下片则写山翁归去的缘由。他体悟到，曲终人散，春花凋谢，于是蘧然梦觉。全篇笔调清爽俊逸，开首“山翁归去，记得来时路”两句，与陶渊明“鸟倦飞而知还”的神理相近，并且含蓄蕴藉，颇中禅机。

谢应芳

谢应芳（生卒年不详），字子兰，号归巢，武进（今江苏武进）人，寓居青浦（今上海青浦）。自幼笃志好学，潜心性理，以道义名节自励。晚年学行益昭，达官缙绅，多有造访。应芳布衣韦带，与之抗辩，所论多关世教、切民隐，德望著于东南。有《归巢集》等。

满　江　红

旧约寻梅，蹉跎过小春时节。陇头人至，一枝先折。喜见春风颜色好，缟衣不受缁尘涅。把十年湖海旧相知，从头说。　　三江上，沧洲雪；千墩下，珠林月。似许询支遁，总皆清绝。重看青山携素手，此情方解相思结。待满湖冰泮柳风轻，孤舟发。

【满江红】词谱，一般宜表现激烈的感情，此词别开生面，作清旷疏放语。“喜见春风颜色好，缟衣不受缁尘涅”，既写白梅的美姿，也写挚友的品格，一石二鸟，语带双关，洵是妙手。

聂大年

聂大年（1402—1455），字寿卿，江西临川（今江西临川）人。正统年间官仁和县（今浙江杭州）教谕，景泰六年（1455）征入翰林修史。诗文皆工，词风冶丽。著有《东轩集》。

卜 算 子

杨柳小蛮腰，惯逐东风舞。学得琵琶出教坊，不是商人妇。　　忙整玉搔头，春笋纤纤露。老却江南杜牧之，懒为蛮娘赋。

卜 算 子

粉泪湿鲛绡，只恐郎情薄。梦到巫山第几重，酒醒灯花落。　　数日尚春寒，未把罗衣著。眉黛含颦为阿谁，但悔从前错。

明蒋一葵《尧山堂外纪》云：“《东轩集》有‘玉楼人醉东风晓，高卷红帘看杏花’，真词笔也。”认为聂大年旖旎蕴藉的词风，颇能得婉约派的真谛。此词写一位年轻女子担忧失去情郎，心事重重，形象宛然。

临　江　仙

半道春红

记得武林门外路，雨余芳草蒙茸。杏花深巷酒旗风。紫骝嘶过处，随意数残红。　　有约玉人同载酒，夕阳归路西东。舞裙歌扇绣帘栊。昔游成一梦，试问卖花翁。

花，落了一地；人，各走西东。好事总不能长久，所以作者有“昔游成一梦”的感觉。此词把春红与玉人互相映衬，蕴藉有致。

铁 铉

铁铉（1366—1402），字鼎石，邓州（今河南邓州）人。洪武中由国子生授礼科给事中。建文初，任山东参政，与盛庸守济南，屡挫燕王朱棣的“靖难”之师，升兵部尚书。后燕王称帝，不屈而死。

浣 溪 沙

晚出闲庭看海棠，风流学得内家妆。小钗横戴一枝芳。 削玉梳斜云鬓腻，镂金衣透雪肌香。暗思何事立斜阳。

首句说“看海棠”，按理便应接写海棠花，可是此词却以四句铺陈少女的盛装打扮。“晚出闲庭”四字，尤需仔细咀嚼。浓妆未卸，闲立无聊，到底是为什么？是海棠美，还是她美？是海棠看她，还是她看海棠？词人全不点破，留给读者自己去想象。

徐有贞

徐有贞（1407—1472），初名理，字元玉，江苏吴县（今江苏苏州）人。宣德八年（1433）进士，官至兵部尚书兼华盖殿大学士，封武功伯。佐英宗复辟后，构陷于谦、王文，其后自己又受石享所构陷，谪金齿（今云南永昌）为民。在统治阶级内部的斗争中，徐有贞的所作所为，曾令朝野不齿。而螳螂捕蝉，黄雀在后，他最终也得到了可怜的下场。但就其学识而言，则有过人之处。他博学多才，诗文俱佳，著有《武功集》。

玉 连 环

《临江仙》别体

心绪悠悠随碧浪，良宵空锁长亭。丁香暗结意中情。月斜门半掩，才听断钟声。　　耳畔盟言非草草，十年一梦堪惊。马蹄何日到神京。小桥松径密，山远路难凭。

明俞弁《山樵暇语》论及徐有贞的词时说：“【临江仙】词句，首尾字相连，故又名【玉连环】。此体为武功创作。”所谓字相连，是说每句最后一字字形的收笔和下句句首字字形的起笔衔接。如第一句末字为“浪”，次句首字为“良”，浪与良笔划即衔接。结句末字为“凭”，“蕊”以“心”字收笔，又与首句第一字“心”连接。这种体裁，当然属文字游戏，但徐有贞写来颇有情致，可备一格。

中　秋　月

中秋月。月到中秋偏皎洁。偏皎洁。知他多少，阴晴圆缺。　　阴晴圆缺都休说。且喜人间好时节。好时节，愿得年年，常见中秋月。

此词爽利流畅，风调略近歌谣。遣词用句，首尾连贯。吐属自然，复有玉盘走珠之趣。

张 宁

张宁（生卒年不详），字静之，号方洲，海盐（今浙江海盐）人。景泰五年（1454）进士，擢礼科给事中。负志节，持正议，出为汀州（今福建长汀）知府，以简静为治。致仕卒。工书画，能诗。著有《方洲集》。

满 江 红

题碧梧、翠竹送李阳春

一曲清商，人别后、故园几度。想翠竹、碧梧风采，旧游何处？三径西风秋共老，满庭疏雨春都过。看苍苔、白石易黄昏，愁无数。　　峄山畔，淇泉路；空回首，佳期误。叹舞鸾鸣凤，归来迟暮。冷淡还如西涧草，凄迷番作江东树。且留他、素管候冰丝，重相和。

在题画中叙友情。句句扣紧梧竹的描写和故实，亦句句不离抒想友情、别情，深切的情谊贯注于精巧的构思之中。

赵　宽

赵宽（约1450—1520），字栗夫，号半江，吴江（今江苏吴江）人。成化十七年（1481）年进士，累官刑部郎中、广东按察使。工书，为文雄浑秀整。著有《半江集》。

减字木兰花

姚江阻雨

寒风吹水，微波皱作鱼鳞起。白语横秋，秋色萧条动客舟。　　疏钟何处？知在前村黄叶树。茅屋谁家？荒径无人菊自花。

此词上片写江上为雨所阻，画面充满动感，情味亦颇萧瑟。下片写江边所见，四面静穆宁谧，情味则疏淡幽远。上下片结合，看出诗人在风雨奔波中的心态。末句“菊自花”三字，点出孤芳自赏，与舟中客子受雨打风吹的境况相对照，尤觉意味深长。

吴　宽

吴宽（1435—1504），字原博，号匏庵，江苏长洲（今江苏苏州）人。成化八年（1472）进士，累官至礼部尚书，卒赠太子太保。工诗，善书，著有《匏庵集》。

采　桑　子

纤云尽卷天如水，芦荻风残，松竹霜寒，更看前溪月满山。　　画船红映金尊酒，子夜歌阑，缓吹轻弹，得意人生且尽欢。

《明词综》转引陈鹄《耆旧续闻》云：“吴匏庵词有‘繁花落尽留红药，新笋丛生带绿苔’，名句也。时有赵宽字栗夫，为匏庵所取士，词名《半江集》。匏庵尝曰：‘不遇吴宽，争得赵宽。’”可见吴宽颇以伯乐自命。其词亦写得放逸清畅。

汤允勣

汤允勣，字公让，约成化六年（1470）前后在世，濠州（今安徽凤阳）人。工诗，与刘蒲、王淮等号称“景泰十才子”。得于谦提拔，官指挥佥事。分兵守孤山，战死。著有《东谷集》。

浣 溪 沙

燕垒雏空日正长，一川残雨映斜阳。鸬鹚晒翅满鱼梁。　　榴叶拥花当北户，竹根抽笋出东墙。小庭孤坐懒衣裳。

好一派乡居景象！燕子飞翔，鸬鹚晒翅；榴花满眼，竹根抽笋。气氛融洽而又生机勃勃。末句，诗人强调自己的寂寞、慵懒。人的情态，与生意盎然的动物植物相衬，倒构成了一幅韵味独特的夏日清闲图。况周颐《蕙风词话》说：此词“清润入格”。又说：“‘拥’字炼，能写出榴花之精神。”均可资参考。

李东阳

李东阳（1447—1516），字宾之，号西涯，湖南茶陵人。天顺八年（1464）进士，历仕英宗、宪宗、孝宗、武宗四朝，官至少傅，华盖殿大学士。宦官刘瑾专权时，能保全善类，弥补乱政，号称贤相。有《怀麓堂集》行世。

雨　中　花

正爱月来云破，那堪柳眠花卧。帘幕风微，秋千人静，酒尽春无那。　　迢递高楼孤寂坐，缥渺笛声飞堕。恨曲短宵长，院深墙迥，凭仗风吹过。

李东阳以台阁大臣的地位，主持诗坛，为“茶陵诗派”领袖。其论诗讲究音韵的轻重，用字的虚实，结构的起承转合。标榜宗法杜甫，却又不注重关心现实。因此，其诗词创作，尽管形式典雅工丽，但失之苍白。

马　洪

马洪（生卒年不详），字浩澜，号鹤窗，仁和（今浙江杭州）人。不仕。文风严谨，自谓四十余年仅得诗百篇。著有《花影集》。

东风第一枝

梅　花

饵玉餐香，梦云惜月，花中无此清莹。俨然姑射山人，华佩明珰新整。五铢衣薄，应怯瑶台凄冷。自骖鸾，来下人间，几度雪深烟冥。　　孤绝处，江波流影。憔悴也，春风销粉。相思千种闲愁，声声翠禽啼醒。西湖东阁，休说当时风景。但留取，一点芳心，他日调羹翠鼎。

此词命辞遣句，华美典丽，故明杨慎《词品》云："马鹤窗善咏诗，尤工长短句，虽皓首布布，而含吐珠玉，锦绣胸肠，褎然若贵介王孙也。"大抵身世穷困的作者，语词的运用往往偏重华赡绚丽，金镶玉镂。从他们的文字里，可以见出他们幻想富足生活的心理投影。

少　年　游

弄粉调脂，梳云掠月，次第晓妆成。鹦鹉笼边，秋千墙里，半晌不闻声。　　原来却在瑶阶下，独自踏花行。笑摘朱樱，微揎翠袖，枝上打流莺。

这是一幅富家仕女生活图。这女子娇美妩媚的打扮，青春活泼的气质，历历如绘。唐代金昌绪《春怨》一诗云："打起黄莺儿，莫教枝上啼。啼时惊妾梦，不得到辽西。"此词写少女浓妆艳抹却独行花径，闲打流莺。活跃的动作，也多少包含着排遣时光的意味。

史　鉴

史鉴（1434—1496），字明古，江苏吴县人。嗜书，才高而终身不仕。家居西村，庭院幽雅，好着古衣冠，人称西村先生。著有《西村集》。

临　江　仙

赠余浩

秋水芙蓉江上饮，怜渠无限风流。红牙低按小梁州。淡云拖急雨，依约见江楼。　　最是采莲人似玉，相逢并着莲舟。唱歌归去水悠悠。清砧孤馆夜，明月太湖秋。

上片追忆昔日秋天相会的情景，下片从眼前采莲人相逢并着莲舟的秋景，想到余浩在太湖对月闻砧的秋情。全篇总是环绕着“秋”字着墨，笔力清劲。陈廷焯认为史鉴的词“不减青田”，不无见地。

陈铎

陈铎，字大声，号秋碧，又号七一居士，下邳（今江苏邳州）人，寓居金陵。约生活于15世纪末至16世纪初，世袭济州卫指挥。工诗善画，精于散曲。其作品敷写底层人物心理，曲尽人间百态，真实地反映了明中叶社会生活面貌。其词作成就亦高。清况周颐《蕙风词话》评曰："陈大声词，全明不能有二。"说他的词风"兼乐章之敷腴，清真之沉着，漱玉之绵丽。"著有《碧轩集》《秋碧乐府》等。

浣溪沙

波映横塘柳映桥，冷烟疏雨暗亭皋。春城风景胜江郊。　　花蕊暗随蜂作蜜，溪云还伴鹤归巢。草堂新竹两三梢。

此词写春城风景，既有写意式的勾勒，又注意细部的描绘。"花蕊""溪云"两句，可谓观察入微。拟人的手法，固生动流转，同时也是作者主观感情的反射。他爱春天，恋春光，便赋予"花蕊""溪云"生命和活力。末句写新竹初长，便轻轻收住。整首词的格调，显得婉媚中见清秀，文采中露自然。

杨循吉

杨循吉，字君谦，江苏吴县人，生卒约与陈铎同时。成化二十年（1484）进士，官礼部主事。嗜书，体弱多病，致仕归，年三十一。善为乐府小令，武宗驾南都，召赋《打虎曲》，称旨，赐武人装侍御前，深以为耻，辞归。晚年落寞。著有《松筹堂集》。

洞　仙　歌

题酒家壁

吴郊春满，绿草薰南陌，风弄轻帘小桥侧。瞰荒垣、浓丽几树夭桃，仿佛是、薄醉西施颜色。　　酝香飘十里，更着流莺，乱织金梭向林织。天宇净繁芳，日暖蜂游，早拦住、高阳狂客。便典却、罗衫又何妨，算容易飞花，韵光难得。

此词下片说醇厚的酒香，明媚的春色，融和的天气，拦住了酒徒，使他不能不典衣买醉。酒客想出了饮酒的种种理由，令人发噱。同时，虚词如“更”“早”“便”“算”等字的安排又极灵活自然，能使词意流转，气韵生动。

顾 潜

顾潜（约1470—1530），字孔昭，江苏昆山人。弘治九年（1496）进士，官至直隶提学御史。以伉直忤尚书刘宇，被诬害，改马湖知府，未任罢归。著有《静观堂集》。

洞 仙 歌

自 寿

娄江一碧，动鲈鱼佳兴，浩荡鸥波放烟艇。过溪桥、十里香稻垂花，秋未晚、远渚芙蓉万柄。　　野翁能爱我，酌酒烹鸡，何处渔歌更堪听。醉起试推篷，骤雨初收，斜阳外、山光云影。愿百岁、逍遥瀼西东，任华发星星，换来青镜。

此词抒发归隐水乡的愿望。想象中的景色，均与水乡联系。例如上片说到鲈鱼、鸥波、溪桥、芙蓉；下片说到渔歌、篷舟、山光云影等，显得感情疏放而结构严整。归兴、雅兴、秋兴、野兴，在水影波纹中融为一体。

王九思

王九思（1468—1551），字敬夫，号渼陂，别署紫阁山人，鄠县（今陕西西安）人。弘治九年（1496）进士。与刘瑾有联系，官吏部郎中。刘瑾被诛，牵连去职。为人不拘礼节，诗文俱有影响，为“前七子”之一。又与康海、何景明等，号为“十才子”。尤长于杂剧和散曲，其杂剧《杜子美沽酒游春》，与康海的《中山狼》杂剧齐名。散曲被王世贞评为“秀丽雄爽”。其词作则有沉着豪俊之概。著有《渼陂集》《碧山新稿》等。

蝶恋花

夏日

门外长槐窗外竹，槐竹阴森，绕屋重重绿。人在绿阴深处宿，午风枕簟凉如沐。　　树底辘轳声断续，短梦惊回，右鼎茶方熟。笑对碧山歌一曲，红尘不到人间屋。

既写夏日的清凉，又写夏日的幽闲，使人觉得暑气全消，烦愁顿去。上片槐竹、绿阴的字句反复出现，连环递进，给人印象犹深。

边　贡

边贡（1472—1532），字廷实，号华泉，山东历城（今山东济南）人。弘治九年（1496）进士，官至南京户部尚书。诗风婉约，是“前七子”之一。好藏书，积存数万卷，一日尽焚于火，大恸，曰：“天丧我也！”由此病死。著有《华泉集》。

踏　莎　行

露湿春莎，草生芳甸，渔舟迤逦依山转。斜阳明灭照村墟，绿槐深护幽人院。　小栅鸣鸡，古梁巢燕，柴门不锁蓬蒿遍。问渠莫是武陵源，一溪流水桃花乱。

此词写沿溪航行的情景。船儿迤逦行来，经过郊野、山坳，进入村墟，听到鸡鸣，看到人家，不禁疑惑：这就是陶渊明所说的桃花源？诗人寻幽访胜的情怀，便在疑问中和盘托出。

蝶　恋　花

留别吴白楼

亭外潮生人欲去，为怕秋声，不近芭蕉树。芳草碧云凝望处，何时重话巴山雨。　　三板轻船频唤渡，秋水疏杨，欲折丝千缕。白雁横天江馆暮，醉中愁见吴山路。

此词上片写未分手时的伤感，下片写分手后的惆怅。情意真切，吐属清畅。“白雁横天江馆暮”一句，把秋空寂寥的景色和失落迷惘的情怀结合起来，情景交融，境界全出。

顾　璘

顾璘，字华玉，江苏吴县人，寓居上元（今江苏江宁），生卒年约与王九思、边贡等同时。弘治九年（1496）进士，累官至湖广巡抚加南京刑部尚书。谦逊好士，颇具才干，少负文名，其诗以风调胜，与同里陈沂、王韦和宝应朱应登号称“四大家”。有《息园集》《浮湘稿》等。

摸　鱼　儿

十二月十四日自衡入永

远山低、半留残雪，望中清景殊绝。寒云渐逐西风散，村落午烟摇曳。行路客，被簿领沉迷，又渡隆寒节。阳回岁歇。是何日春来，早梅花萼，看透几分白。　　忆江左，多少关河分隔，异乡空望明月。衡阳飞雁都回矣，欲寄音书那得！情似结，更断酒抛诗，幽恨凭谁说！髯霜鬓雪。拼老去年华，禾畦麦垄，觅取旧生业。

隆冬季节，由衡入永，情怀抑郁。此词上片写途中所见。远山留雪，风逐残云，凄清的景色是作者心情的衬托。下片以

“忆”字领起，想到空望朗月，想到音书难寄，想到年华渐老。思路纡盘蜿蜒，而又紧扣思乡题旨。清人沈祥龙《论词随笔》云：“词有三要，曰情、曰韵、曰气。”即要求有真挚的情感，有含蓄蕴藉的审美价值，有连贯的思想脉络和鲜明的语言节奏。此三者兼具，则可称佳作，此词可谓得之。

唐　寅

唐寅（1470—1523），字伯虎，一字子畏，号六如居士、桃花庵主等，江苏吴县人。著名画家。弘治十一年（1498）南京举人第一。被累谪为吏，不就返乡。浪游名山，以卖画为生。工山水人物花鸟，尤工仕女，风格雅丽纤媚，工巧精致。与文徵明、沈周、仇英合称明代画坛四大家。

唐寅为人崇尚才情，风流倜傥，纵酒放浪，自称江南第一风流才子。为文亦颇如其为人。著有《六如词》《画谱》等。

一　剪　梅

雨打梨花深闭门。忘了青春，误了青春，赏心乐事共谁论。花下销魂，月下销魂。　　愁聚眉峰尽日颦。千点啼痕，万点啼痕，晓看天色暮看云。行也思君，坐也思君。

此词写得风流旖旎，婉丽细腻。一个恹恹含颦、粉光溶冶、怀念情人的少女形象，宛然在目。“晓看天色暮看云”一句，尤能表达她忐忑难安的心理。

张 綖

张綖，字世文，江苏高邮人，约生卒于15世纪末到16世纪前半叶。正德八年（1513）举人，除武昌通判，官至光州知州。著有《诗余图谱》《南湖集》等。

蝶 恋 花

紫燕双飞深院静，簟枕纱厨，睡起娇如病。一线碧烟萦藻井，小鬟茶进龙香饼。　　拂拭菱花看宝镜，玉指纤纤，撚唾撩云鬓。闲折海榴过翠径，雪猫戏扑风花影。

此词所写的少妇，就像是被供养在金丝笼里的小鸟。她衣香带铸，飧金馔玉，生活优裕，可就是闲得发慌，活得无聊。首句化用唐沈佺期《独不见》诗“卢家少妇郁金堂，海燕双栖玳瑁梁”的意蕴，比衬少妇孤独的处境。末句“雪猫戏扑风花影”，冶艳的描写，生动表现出富庶人家的生活情趣，也寄寓着失落扑空的含义。

风 流 子

新阳上帘幌，东风转、又是一年华。正驼褐寒侵，燕钗争袅。句翻词客，簪斗宫娃。堪误处、林莺啼暖树，渚鸭睡晴沙。绣阁轻烟，剪灯时候，青旌残雪，卖酒人家。

此时因重省。瑶台畔，曾遇翠盖香车。惆怅尘缘犹在，密约还赊。念鳞鸿不见，谁传芳信，潇湘人远，空采蘋花。无奈疏梅风景，碧草天涯。

此词写得典雅绵密。《明词综》引《古今词话》云：张綖“所制【蝶恋花】　【风流子】数阕，风流蕴藉，更足振起一时。”

陆　深

陆深，初名荣，字子渊，号俨山，约弘治十三年（1500）前后在世，上海人。弘治十八年（1505）进士，累官至詹事府詹事，赠礼部侍郎。善文，《明史》称他“鉴赏博雅，为辞臣冠”。著有《知命录》《俨山集》等。

念　奴　娇

秋日怀乡用东坡韵

大江东去，是吾家、一段画筲中物。襟带五湖吞百渎，说甚黄州赤壁。两岸芦汀，一湾柳浪，海涌桥头雪。沧浪声里，渔翁也是豪杰。　　明年拟赋归来，轻舟短棹，两腋清风发。春水稳如天上坐，闲看浮沤兴灭。黄歇穿沙，袁崧筑垒，到处堪晞发。鲈鱼莼菜，一任江天岁月。

步东坡韵，按东坡词意，首句竟直用东坡名句“大江东去”，非有胆识有气概之大手笔，不敢为此。二、三句“是吾家、一段画筲中物”，句新意新，壮阔超拔，雄盖一世，却又亲切有味。此词气足神完，用典使事，恰到好处。

杨　慎

杨慎（1488—1559），字用修，号升庵，四川新都县（今四川成都）人。正德六年（1511）状元，授翰林院修撰。嘉靖三年（1524），因两上《议大礼疏》，被谪云南永昌，终其一生于流所。

杨慎学识广博，为诗反对模拟，力主清新，重视俚曲小唱、乡土之音。他在词坛上有较大的影响，辑有《百徘真珠》《词林万选》，王世贞称他为“词家功臣”，又说他的词作“好用六朝丽事，似近而远”，风格近华美流利一格。

杨慎性格与时迥异。《乐府纪闻》说他“谪戍永昌时，暇时红粉傅面，作双分髻，插花，令诸妓扶觞游行，了不为愧”。一生著述甚富，被誉为明人第一。有《升庵集》《丹铅余录》和词集《升庵长短句》等。

浪　淘　沙

春梦似杨花，绕遍天涯，黄莺啼过绿窗纱。惊散香云飞不去，篆缕烟斜。　　油壁小香车，水渺云赊，青楼朱箔那人家。旧日罗巾今日泪，湿尽韶华。

此词写两个有情人相思之苦。上片从女方落笔。她在绿纱窗里，被莺声惊破春梦，梦魂再飞不出去和情人相会了。下片则从男方着墨。他怅望青楼珠箔，觉得和她咫尺天涯，只能泪湿韶华，抱憾终天。整首词悱恻缠绵，语言亦工丽流畅。

临　江　仙

戍云南江陵别内

楚塞巴山横渡口，行人莫上江楼。征骖去棹两悠悠。相看临远水，独自上孤舟。　　却羡多情沙上鸟，双飞双宿河洲。今宵明月为谁留？团团清影好，偏照别离楼。

感情真率，语言流利自然，是此词的特色。下片既羡水鸟有情，又怨明月无情，倍能表达真情挚性。杨慎的词，一般写得秾艳，用词使事也近雕琢，这首却以白描见长，显得情致婉深、含蓄蕴藉。

满　江　红

梨　花

露重风香，韶华浅、玉林无叶。谁剪碎，遍地琼瑶，满园蝴蝶？娇泪一枝春带雨，粉英千片光凝雪。伴秋千影里月明中，伤离别。　　花在手，肠如结；人对酒，情难说。忆故园游赏，清明时节。今日相逢滇海上，惊看烂熳开正月。更收灯庭院峭寒天，啼鹃歇。

杨慎被谪云南，此词见梨花而伤离别。末句以“啼鹃歇”

收，说连“不如归去”的声音也没有，倍能表达黯伤之情。张炎《词源》说：“诗难于咏物，词为尤难。体认稍真，则拘而不畅；模写差远，则晦而不明。要须收纵联密，用事合题。一段意思，全在结句，斯为绝妙。”杨慎咏梨花而又不为拘滞，堪称咏物词的佳作。

转应曲

银烛，银烛，锦帐罗帏影独。离人无语消魂，细雨斜风掩门。门掩，门掩，数尽寒城漏点。

此曲又名【调笑令】【三台令】，三转其韵。词写形单影只。第一韵以室中华丽的设施与室中人的孤独形成反差；第二韵以室外的细雨斜风衬托室中人的凄苦；第三韵以长夜难眠表现室中人的幽怨。转韵处回环相扣，特别写门虽掩上，却掩不了室中人的心扉，意蕴尤为悠远。

夏 言

夏言（1482—1548），字公谨，江西贵溪人。正德十二年（1517）进士。嘉靖朝官给事中，强项梗直，历官吏部尚书、华盖殿大学士，参预机务，位居首辅。后为严嵩嫉忌，终被陷害至死。

夏言能诗，其词颇为当时所重。《明词综》引钱氏云：“公谨喜为长短句。当其得君专政，声势烜赫，长篇小令，草稿未削已流布都下，互相传唱。”著有《桂州集》《鸥园新曲》等。

浣 溪 沙

春 暮

庭院沉沉白日斜，绿阴满地又飞花。瞢腾春梦绕天涯。　　帘幕受风低乳燕，池塘过雨急鸣蛙。酒醒明月照窗纱。

首句写日之将暮，次句写春之将暮，“绿阴满地又飞花”是春夏交替的特定景色。下片四、五句进一步写暮春，末句“月照窗纱”又是日暮的照应。从风生雨起到月出，从燕飞蛙鸣到一切宁静，这一切均以“瞢腾春梦”为杼轴。时光流转，景色变换，都融合着失落迷惘的思绪。

文徵明

文徵明（1471—1559），初名壁，字徵仲，号衡山居士，江苏吴县人。与祝允明、唐寅、徐祯卿齐名，号“吴中四子”。正德末以岁贡生荐试吏部，授翰林院待诏。

文徵明曾学文于吴宽，学书于李应桢，学画于沈周，诗文书画皆工，尤以书画名重一时。且性情介洁，故随者甚多，形成了“吴门派”。诗词也有特色，《四库全书》称其“雅润之中，不失法度”。著有《莆田集》。

满　江　红

拂拭残碑，敕飞字、依稀堪读。慨当初，倚飞何重，后来何酷？岂是功成身合死，可怜事去言难赎。最无辜，堪恨又堪悲，风波狱。　　岂不念，封疆蹙！岂不念，徽钦辱！念徽钦既返，此身何属？千载休谈南渡错，当时自怕中原复。笑区区、一桧亦何能，逢其欲。

咏史事，贵在一针见血地戳破本质。关于岳飞被害事，人们多罪秦桧，此词独说“笑区区、一桧亦何能，逢其欲”，矛头直指皇帝，达到了封建时代最高的认识水平。整首词感情沉着慷慨，议论痛快淋漓。

鹧 鸪 天

秋 雁

万里南业道路长，更将秋色到衡阳。江湖满地皆矰缴，何处西风有稻粱。　　随落日，渡清湘，晚鸦冲突不成行。相呼莫向南楼过，应有佳人恼夜凉。

大感伤作结，意思又比一般写雁的凄苦遭遇深了一层。此词写得流畅自然而意境苍凉幽远，借雁南飞，历尽艰辛，受尽折磨。末句以雁群互相提醒不要惊动南楼佳人，以免令她们增恼，抒情含蓄有味。

陈　霆

陈霆（约1470—1540），字声伯，浙江德清人。明弘治十五年（1502）进士，授刑科给事中。正德初以忤刘瑾，谪判六安。瑾诛，启任山西提学佥事。博洽多闻。著有《水南稿》《渚山堂诗话》等。

踏　莎　行

晚　景

流水孤村，荒城古道，槎牙老木乌鸢噪。夕阳倒影射疏林，江边一带芙蓉老。　风暝寒烟，天低衰草，登楼望极群峰小。欲将归信问行人，青山尽处行人少。

此词所写望中晚景，极凄清，极黯淡，极枯寂，萧索悲凉之气，流溢于字里行间。词中多次运用前人诗词名句，但融汇一炉，浑如一体，颇能表现怆痛的情绪。

李 濂

李濂（1488—1566），字川父，号嵩渚，河南祥符（今河南开封）人。正德九年（1514）中进士，官至山西按察佥事。免官后返家，长期闲居。著有《嵩渚集》。

柳 梢 青

修武道中

烂漫春游，人生行乐，山水夷犹。昨夜河阳，今朝修武，明日怀州。　　平日雅兴难酬，信辔去，东风紫骝，问酒花村，题诗松寺，飞梦蓬丘。

词风爽朗放旷。跳跃而轻快的节奏，表现出心情的舒畅，这又隐约透露对往日“雅兴难酬”的不满。无官一身轻，放下了名缰利锁的人，是会出现悠然自在的情绪的。

李攀龙

李攀龙（1514—1570），字于鳞，号沧溟，历城（今山东济南）人。嘉靖二十三年（1544）进士，累官至河南按察使。才力富健，名重一时，与王世贞同为“后七子”领袖。其创作理论主张复古，“谓文自西京，诗自天宝而下，俱不足观”。所作诗文，多模拟古人，间亦有清新可喜之作。著有《沧溟集》。

长　相　思

秋风清，秋月明。叶叶梧桐槛外声，难教归梦成。砌蛩鸣，树鸟惊。塞雁行行天际横，偏伤旅客情。

上片写秋风秋月秋声，萧瑟而宁静。下片写蛩鸣鸟惊雁飞，则是凄清的动景。诗人捕捉住秋天平淡的形象，构成了思乡的意境，浅中见深，有淘洗清空之致。

王世贞

王世贞（1526—1590），字元美，自号凤洲，又号弇州山人，江苏太仓人。嘉靖二十六年（1547）进士，官刑部主事。因接济杨继盛，忤严嵩，持父丧归。隆庆初复出，累官至刑部主事。与李攀龙同为“后七子”领袖。李攀龙殁后，独主文坛二十年。

王世贞在理论上提倡“文必秦汉，诗必盛唐，大历以后书勿读”。为诗始喜藻饰，晚年渐趋平淡。其词作亦有可观处，李攀龙称“惟某敢与狎，主齐盟”，“而小词弗逮也”。自认王世贞的小令比他写得更好。有《弇山堂别集》《弇州山人四部稿》等。

望　江　南

都下思家

回首处，薄业太湖干。半艇春洲芦笋绿，一楼风雨杏花寒。此景放谁看？

此词三、四两句清绝。湖面绿意方生，楼上春寒未退，芦笋、杏花，惹人怜爱。这淡雅宁静并有幽怀野趣的景色，自然使居于都下满眼俗艳繁华的人十分向往。末句以问作结，则把家乡写得愈美，思家之情便愈见其切。

虞　美　人

浮萍只待杨花去，更况廉纤雨。鸭头虚染最长条，酿造离亭清泪几时消。　　珊瑚翠色新丰酒，解醉愁人否？薄寒搀送汝南鸡，偏向碧纱厨畔醒时啼。

惜别之作，难有新意。此词下片怀疑浓冽的美酒能否醉倒愁人，则离愁之重可见；埋怨晨鸡于醒时啼，则离人长夜不眠之情可见。这些描写，婉曲含蓄，出人意外。

玉　蝴　蝶

记得秋娘家住，皋桥西弄，疏柳藏鸦。翠袖初翻金缕，钩月晕红牙。启朱唇、含风桂子，唤残醉、微雨梨花。最堪夸，玉纤亲自，浓点新茶。　　嗟呀。颠风妒雨，落英千片，断送年华。海角山尖，不应飘向那人家。惹新愁、高楼燕子，赚人泪、芳草天涯。况浔阳，偶然江上，一曲琵琶。

王世贞虽擅于小令，但这首长调，也写得委婉真挚，细致入微。上下两段，一写当年的缱绻。一写眼前的索莫，两相影照，倍增忉怛。又，本词以“秋娘”开首，以“浔阳琵琶”作结，中缀以燕子、芳草，均与歌妓有关，可见用典细密恰切。

于 耒

于耒，字励庵，金坛（今江苏金坛）人。嘉靖三十四年（1555）举人。余未详。

清江裂石

忽见推帘起暮鸦，风逼小灯斜。又被打窗雪片，巡檐问，可压梅花。正开缸初试屠苏酒，举杯谁劝，强半惜年华。纵博得，玉壶香暖，毕竟是天涯。　浑一片云山，四围隐隐飞峦，带不起烟霞。驴背叹行频，垆头暂醉，料醒来孤踪，依旧尘沙。正醒醉含愁，猛听征鸿嘹亮，哀怨过谁家。

客中饮酒，谁与为欢；风尘仆仆，年华渐老。“纵博得，玉壶香暖，毕竟是天涯”一句，是全篇血脉凝聚处，萧瑟凄怆，令人动容。此词近景是昏鸦四起，风斜雪坠，远景是云山隐隐，烟霞漠漠。饮闷酒的诗人，触目伤心。而冬天寒云四合、风雪飘拂的景色，又正好衬托出他处境的酸楚孤独。

王锡爵

王锡爵（1534—1610），字元驭，江苏太仓人。嘉靖四十一年（1562）会试第一，廷对第二，授编修。万历初年掌翰林院，累官至礼部尚书兼文渊阁大学士，入阁居首辅。卒谥文肃。著有《王文肃集》。

渔家傲

芦荻萧萧秋正晚，小舟移处沙汀浅。藕嫩鱼肥莼更软。新酒暖，妻儿列坐周船板。　　明月满江风似剪，夜寒添著蓑衣短。漫酌缓斟添几碗。星斗转，一声横笛青山远。

这是作者眼中的一幅渔家秋乐图。首句从江岸写起，然后写到渔舟，写到舟中所获所载，再写到舟上的一家，进而写到这渔翁的行为、神态。诗人引导读者的视角，从宽到细，逐步深入。结句则让读者结合听觉的感受，又把视野推向远方，像电影镜头般“淡出”。整首词清新明快，语言浅近而韵味醇厚。意境情调，均有独特创新之处。

徐 渭

徐渭（1521—1593），字文清，又字文长，号天池，晚年又号青藤，山阴（今浙江绍兴）人。才气横溢，而科举屡试不中。曾佐总督胡宗宪幕，出谋划策，击败倭寇。胡因罪被杀，他也终身潦倒，乃至精神失常。后因杀妻而下狱，获释后浪迹江湖。

徐渭对传统道德深恶痛绝，与李卓吾同为晚明进步思想潮流的前驱。他多才多艺，书画、诗文、戏曲乃至词作，均侧重于表露性灵，抒发其郁勃不平之气。著有《徐文长集》。

浣 溪 沙

鉴 湖

浅碧平铺万顷罗，越台南去水天多，幽人爱占白鸥莎。　　十里荷花迷水镜，一行游女惜颜酡，看谁钗子落清波。

写鉴湖美景，却以一行游女作衬。花面相辉映，钗子落清波，娇美可爱，憨态可掬。湖面少女的愉悦活泼，又增添了鉴湖的无穷情趣。

赵南星

赵南星（1550—1627），字梦白，号清都散客，河北高邑县人。万历二年（1574）进士，历文选员外郎、考功郎中。敢于揭露时弊，两次落职。但声名鹊起，与顾宪成、邹元标号“三君”。天启初，进吏部尚书，慨然以任天下。后触犯权奸魏忠贤，戍边而死。著有《史韵》等。

水　龙　吟

杨花用章质甫韵

春闺忒恁愁人，已看尽落红静坐；杨花更惨，连空映日，撩人情思。飞过高城，寻来小院，从教门闭。偶蘋风乍定，商量暂住，低飞燕，还扶起。　　何处疑花乱玉，几曾堪，鬓簪衣缀。兰闺人倦，多愁牵梦，难成已碎。小玉声喧，晴天雪下，香阶无水。忆辽西何处，神魂荡漾，暗抛红泪。

本词体物寄兴，从杨花写到香闺思妇，极尽委婉缠绵之妙。作者描绘杨花飘坠的过程、特性，从飞舞到坠地，又被低飞的燕子扶起，再说到它沾衣、扑鬓，像晴雪堆满石阶，可谓细腻入微，妙入毫端，颇能传出杨花的神韵。至于把飘零的杨花和孤独的思妇连在一起，以侍女的喧嚷与默默无言的思妇比衬，也可见作者艺术构思的精巧严整。

屠 隆

屠隆（1542—1605），字长卿，又字纬真，号赤水，浙江鄞县（今浙江宁波）人。万历五年（1577）进士，官至礼部员外郎。后罢官归，纵情诗酒，卖文为生。

屠隆性格豪放不羁，其诗文也写得奔放绮丽。著有传奇《昙花记》《修文记》《彩毫记》，另有诗文集《白榆集》。

清江裂石

西 湖

淼淼重湖背郭斜，永日坐蒹葭。四面青山不断，楼阁外，乱水明霞。有画船绵缨载词客，金翘杂佩，强半挟吴娃。水穷处，长林古寺，夏木绿阴遮。　　回首望空明，白鸥隐隐飞来，带一片轻沙。把酒问西湖，今来古往，都不管兴亡，旧恨年华。且与君，棹扁舟，听取哀弦急筑，散发弄荷花。

幽雅宁静的西湖，又有繁华旖旎的一面。此词以白鹭蒹葭、乱水明霞等景色，反复表现西湖空灵秀逸，并以画船美姝点缀其间，突出它的瑰丽。在语言运用上，则以藻粉与淡朴相结合，也颇能显示西湖特有的风貌。“把酒”以下抒发感慨。

结句“散发弄荷花”一语，虽从李白诗“明朝散发弄扁舟”而来，但隐遁于明艳洁净的荷花之间，这意象别开生面，也反映出晚明文士放浪形骸、风流不羁的心态。

汤显祖

汤显祖（1550—1616），字义仍，号海若，别署清远道人，江西临川人。著名文学家、戏曲家。万历十一年（1583）进士，官南京礼部主事，因上书指斥朝政，贬广东徐闻典史，后量移浙江遂昌知县。万历二十六年（1598）弃官，三年后被吏部以“浮躁”罪名正式免职，遂绝意仕进，居临川玉茗堂，以著述自娱。

汤显祖在思想上与当时占统治地位的程朱理学颇不相洽。他以王学左派罗汝芳为师。在创作上主张抒发真情，认为“情有者理必无，理有者情必无。”（《寄达观》）他反对宣扬假道学，反对以各种各样的条条框框来束缚作者的真情实感。他认为戏曲应以“意、趣、神、色”为主。这种想法，也贯穿在他的诗文创作中。沈雄《柳塘词话》云：“义仍精思异彩，见于传奇；出其余绪，以为填词。”可见人们公认他在词作方面也有自己的成就。

汤显祖著述颇多，有“临川四梦”、《玉茗堂集》等。

阮郎归

不经人事意相关，牡丹亭梦残。断肠春色在眉弯，倩谁临远山？　　排恨叠，怯衣单，花枝红泪弹。蜀妆。晴雨画来难，高唐云影间。

汤显祖的杰作《牡丹亭》在语言运用上清丽无匹，使人读来满口余香。此词也秀雅可诵，能把少女怀春、欲说还休的满怀幽恨传出。

好　事　近

帘外雨丝丝，浅恨轻愁碎滴。玉骨近来添瘦，趁相思无力。　　小虫机杼隐秋窗，黯淡烟纱碧。落尽红衣池面，又西风吹急。

“相思无力”是此词题旨。雨丝、虫声、淡烟、落红、西风，种种描写，均是软绵绵没劲没力、没情没绪、心神惫懒的烘托。清人钱裴仲《雨华庵词话》云：“迷离惝恍，若近若远，若隐若现，此善言情者也。”汤显祖是懂得此中真谛的。

焦竑

焦竑（1540—1620），字弱侯，号澹园，江宁（今江苏江宁）人。万历十七年（1589）状元及第，官翰林修撰。既负重名，动辄指斥时事于言端，谪州同知。未几，归家不复出。博极群书，善为古文，典正雅训，卓然名家。年八十卒。有《澹然集》《焦氏笔乘》等。

江城子

西风吹袂弄新晴。月笼明，小梅横，席上孤琴，又作断肠声。人去青山衰草里，凭谁共，绕花行。　　强拈彩笔赋离情。忆平生，到深更，欲写年来，意思苦难成。但把深杯留客醉，知何日，笑相迎。

上片写得凄婉。“弄”“笼”“横”等字，俱着意经营。

陈继儒

陈继儒（1558—1639），字仲醇，号眉公，又号麋公、无名钓徒，松江华亭（今上海松江）人。他有感于现实黑暗混乱，决心遁世，《明史》本传说他“取儒衣冠焚弃之，隐居昆山之阳”，杜门著述，与僧为邻。朝廷屡下诏征用，皆以疾辞。他工诗善文，短翰小品，皆有风致。书宗米、苏，亦精于绘画，为明代画坛的杰出代表。著有《眉公全集》。

摊破浣溪沙

梓树花香月半明，棹歌归去草虫鸣。曲曲柳湾茅屋矮，挂鱼罾。　　笑指吾庐何处是，一池荷叶小桥横。修竹纸窗灯火里，读书声。

梓树、草虫、茅屋、小桥、纸窗，俱日常可见，形象俱非雅醇，但作者以吾庐为中心，把它们组织起来，让读者了解他的所见所闻，了解他是多么喜爱被笼罩在淡泊简朴的氛围中。于是，粗陋的形象，化为高雅。词末让灯火渔村中透出读书声，更显得清新俊逸。《柳塘词话》说陈继儒“小词潇洒，不作艳语”，颇是。

卓发之

卓发之（1587—?），字左车，浙江仁和（今浙江杭州）人。天启五年（1625）前后寓居南京，有《械园螺史》。余不详。

菩　萨　蛮

落　花

小玉楼前风雨急，春光一霎都狼藉。桃叶与桃根，谁家最断魂？　　尊前回首望，昨夜花成浪。总是雨收时，月明空满枝。

词中用桃叶、桃根一典，见出作者心意。他怜惜的不单是在风雨中凋零的落花，而且也是那些在风尘中饱受摧残的女性。末句说云散雨收，也是空对明月，凄楚孤独之情，根本无法排遣。此词意韵在明畅中见含蓄，所以清代王士祯说作者的词“尚骏逸，颇有宋人风味”。

吴 兖

吴兖，字鲁于，江苏武进人。万历二十八年（1600）举人。余未详。

渔 歌 子

千顷蒹葭一钓翁，家居南浦小桥东。桃花水，鲤鱼风，短笛横吹细雨中。

这是一幅澹荡脱俗的水墨图。“短笛横吹细雨中”，活画出钓翁的潇洒自在。

雷　迅

雷迅，字圣肃，青浦（今上海青浦）人。万历三十四年（1606）举人。余未详。

苏　幕　遮

惜　春

柳含丝，梅破萼，报道东风，一夜穿帘幕。春光依旧人非昨。忽讶春光，不是人情薄。　　花前醉，月下乐，只恐韶华，易去难留阁。明朝雨暗胭脂落。莫怨春光，不管人消索。

此词上片写春光又到人间，情意深厚。下片写只恐春光易去，及时行乐，突出表现“惜春”的意思。“忽讶春光，不是人情薄”两句，造语尖新，给人的感受殊深。

魏大中

魏大中（生卒年不详），字孔时，浙江嘉善县人。万历三十五年（1607）进士，累官吏科都给事中。因疏劾魏忠贤结党树威，触怒逆党，诬大中受杨镐、熊廷弼贿赂，矫旨逮下诏狱，酷刑考讯，毙于狱中。后追谥忠节。

临　江　仙

钱塘怀古

埋没钱塘歌吹里，当年却是皇都。赵家轻掷与强胡。江山如许大，不用一钱沽。　　只有岳王泉下血，至今泛作西湖。可怜故事眼中无。但供侬醉后，囊句付奚奴。

魏大中不以诗词名世，但这首【临江仙】写得异常精警。首尾写得平淡，中间夹着冷峭与沉郁，短短一首小令，容纳着怀古伤今的复杂感情。“只有岳王泉下血，至今泛作西湖”，何等沉痛，何等深刻，而取意遣辞，更为人所未能道。刘体仁《七颂堂词绎》认为：词不似诗，不必讲究温柔敦厚，而“陡然一惊，正是词中妙境”。此词读后使人觉得如冷水浇背，诚为明词中不可多得的佳作。

钱士升

钱士升（？—1651），字抑之，浙江嘉善人。万历四十四年（1616）状元，授翰林修撰。崇祯间累官礼部尚书兼东阁大学士，参预机务。以主张为政宽平，忤首相温体仁及崇祯帝，引罪乞休。入清后七年卒。著有《逊国遗书》等。

满　庭　芳

次东坡韵

往事千端，闲愁万斛，世情无数嵯峨。电光石火，变态阅来多。坐见新亭洒泪，空回首、麦秀兴歌。方悟得，金羁脱去，细草落平坡。　桃源何处是？忙呼渔艇，往来如梭。长消受寒芦，皓月银波。更喜蘋香菱熟，驾舴艋、闲傍苍柯。何多事，草裘五月，江上好披蓑。

上片写得很压抑，又恰为下片表现潇洒的心情作铺垫。笔调不同，情绪却是连贯的。清人沈祥龙《论词随笔》云：“长调须前后贯串，神来气来。而中有山重水复，柳暗花明之致。”此词在结构安排方面，注意到抑扬开合，意脉贯通，显得语言朴实自然而情绪饱满。

王　坊

王坊，字元表，华亭（今上海松江）人。万历四十年（1612）举人，曾官信阳知州。余未详。

一　斛　珠

落　花

翻空红雨，多随春信纷纷去。万千绿叶无情绪，连夜生新，占尽花开处。　　一霎辞根无定所，伤心红粉成黄土。怜香只有莺啼树，似劝东风，略作些儿主。

以落花为题材的诗词，为数不少。此词说落花一旦辞根，则万千绿叶，连夜新生，“占尽花开处”；又说只有黄莺同情落花遭遇，像是劝东风“略作些儿主”。显得别有怀抱，颇饶深意，把和落花同一命运者惆怅失落的心情形容殆尽，寥寥数语而幽婉动人。

郑士奇

郑士奇，字平子，嘉兴（今浙江嘉兴）人。万历四十六年（1618）举人，曾官兴国（今江西赣州）知县。余未详。

百　字　令

自述，用东坡韵

先生拂袖，赋归来、曾见义熙人物。老去懒摇白羽扇，只爱青林石壁。坐引桐风，书研竹露，诗净峨嵋雪。山中皓首，那知世上豪杰。　　自笑痴兴还浓，紫芝采就，高咏林间发。午晤松涛翻雪乳，片缕茶烟明灭。世事如棋，臣心如水，老濯沧浪发。寒梅吹绽，一林香影明月。

金代赵秉文和元代萨都剌都曾用东坡韵，写了《大江东去》和【百字令】《登石头城》。郑士奇此词也步东坡韵，却表达出不同的格调。全词围绕着“拂袖赋归来”和“自笑痴兴还浓”两句，写隐居的情趣、心怀，淡泊中有豪放的意味。词中把闲坐、写字、赋诗、采药、歌唱、煮茶、赏梅等许许多多闲散高雅的事，都写到了。其间有描绘实景，有典故抒怀，有虚有实，有疏有密，显得章法严整。末句又写得空灵，颇具韵致。

徐　勃

徐勃，字惟起，更字兴公，闽县（今福建闽侯）人。博闻多识，工文善诗。万历间曾主闽中诗坛。积书数万卷，以布衣终身。著有《红雨楼集》《鳌峰集》等。

望　江　南

城上角，吹动薜萝烟。别意难忘灯下约，归期空向梦中传。消息杳如年。　　孤馆客，今夕不成眠。万井寒砧敲夜月，数声黄叶坠秋天。人在碧云边。

旅舍孤寂，夜不成眠，万户寒砧，一天秋意，天涯游子，归期未卜。此词以号角声、捣衣声、落叶的秋声，突出地表现“孤馆客”凄楚孤独的心态。下片着“敲”，着“坠”，见出作者炼字的功力。

孙承宗

孙承宗（1563—1638），字稚绳，号维城，河北高阳人。万历年间进士，为人坚毅，有谋略，尤畅晓边防事务。天启初官兵部尚书，经略蓟、辽，督军关外，屡有战功，魏忠贤党谗之，辞归。崇祯十一年（1638），清兵攻高阳，率家人拒守，城破自杀。乾隆时追谥“忠定”。有《高阳集》。

阳　关　引

无那杨花闹，又听莺声咽。如簧细语，关情处漫饶舌。看苍苍烟外，早是征车辙。纵风流还似张绪，不堪折。　　仗剑对尊酒，歌未阙。叹风尘起，新亭泪，中流楫。把眼前飞絮，学作鹅池雪。待四方戡定，直北迎归节。

此词以送行入手，以杨花、莺声的喧闹，表现烦躁的心情；复以苍烟的渺冥，柳树的摇曳，显示怅惘的情怀，于凄迷中见窅远。下片忽变得沉雄慷慨，连用数典，突出展现思怀故国誓死抗敌的决心。整首词的韵味，如细流忽临湍溪，如闷热忽起惊雷。大声镗鞳处，尤使人振奋。

浣 溪 沙

谁写南溟玉湾，诸峰罗列小庭间，画屏十二斗烟鬟。　彩笔欲描风骀荡，锦囊不贮雨潺漫。日来心事与俱闲。

“闲”字是全篇的眼。上片细写景色，显示休闲；下片从人的慵怠写休闲，末句说“与俱闲”，则把客观景物天气都写成和人一样闲起来了。这词语言轻清秀美，当是孙承宗被魏忠贤排挤，辞官归乡时之作，它显示出作者风格的另外一面。

施绍莘

施绍莘（1588—1640），字子野，自号峰泖浪仙，青浦（今上海青浦）人。负俊才，有大志，屡试不第。放浪声色，与名士相游三泖、西湖、太湖等处。卒年五十三。

施绍莘工词曲，慕宋代张三影所作乐府，遂名其所作为《花影集》。因生于末世，多哀思之音。沈士麟《秋水庵花影集序》云：施绍莘“性灵颖慧，机锋自然，不觉吐丽为词，溢而为曲，以故不雕琢而工，不磨涤而净，不粉泽而艳，不穿凿而奇，不拂拭而新，不揉搞而韵”。重真率、求意趣是他词和曲的创作特色。

浣　溪　沙

半是花声半雨声，夜分淅沥打窗棂。薄衣单枕一人听。　　密约不明浑梦境，佳期多半待来生。凄凉何况是孤灯。

此词写闺中候人不至的凄凉情况。上片说雨声淅沥，打在花上和窗棂上，听得十分清醒。而闺中人于深夜中静听细听，既表明她独枕无聊，也表明她竖起耳朵等待聆听可能出现的脚步声。换头说“密约不明”，白等了一夜，于是恍惚迷离，浑如梦境。“多半待来生”一语，表明期望与绝望的交织。听觉的昭昭，思绪的昏昏，形成强烈的对照，活画出少女的痴念。

谒 金 门

春欲去，如梦一庭空絮。墙里秋千人笑语，花飞撩乱处。　　无计可留春住，只有断肠诗句。万种消魂多寄与，斜阳天外树。

陈廷焯《词则》评云：“情韵既深，笔力亦健，浪仙最高之作。”此词写惜春情绪，而悲怨愁苦到了极点，这就不同于一般的伤感。词中说到只有用“断肠诗句”那种最伤心的语言才可以留住春天，提醒以“万种消魂”寄与将逝的“斜阳”，显有寄托的用意。明代后期，知识分子看到大厦将倾，回天无力。这种无可奈何的悲凉情绪，发为歌吟，便揭示了现实社会走向衰落的一个侧面。

满 庭 芳

初 夏

树染橙香，花燃榴火，曲池莲盖初张。槐阴半窗，引起竹床凉。门静闲花自落，小园中、无数新篁。凭栏久，闲闲鹦鹉，摘叶戏螳螂。　　日长真似岁，轻施冰簟，闲梦羲皇。正孤蝉依树，乳燕依梁。豆喜黄梅过也，建兰开，锣介茶香。东斋晚，一壶村酒，新月上松窗。

本词写初夏景色，却活画出悠闲自得的心情。上片橙香、榴花、荷叶、槐阴、新篁，均是初夏景致。歇拍说“摘叶戏螳螂”，宛如电影艺术的特写镜头，以极工细的手法突出夏日的悠闲，而与过片“日长真似岁”衔接。下片以午睡表现消夏的方式，蝉吟树，燕绕梁，似乎也伴人歇晌。雨后兰开，茶香酒暖，于是诗人一觉睡到新月当窗。全词从“夏”与“闲”两字着力，娓娓道来，自成佳趣。

董斯张

董斯张（生卒年不详），字遐周，乌程（今浙江湖州）人。监生。与周永年、茅维为词友。著有《静啸斋集》。

鹊 桥 仙

感 悟

轻暖轻寒，不晴不雨，辜负韵光九十。落花飞絮两无情，仗千尺游丝作合。　　涂抹东西，飘零南北，从此扁舟一叶。梦回始觉未归休，恨一点窥人明月。

飘零客舍，辜负春光。“梦回始觉未归休”，可见思乡情重。《柳塘词话》引明人评论董斯张的词“不随人口吻”“风流调笑，情事如见”。能真率地表达自己的感情，确是董词长处。

范文光

范文光，四川内江人。天启元年（1621）举人，崇祯间历官户部员外郎，告归。张献忠在四川起义，范文光起兵反抗，被永明王任命为右佥都御史，巡抚川南。后又看到地主官僚集团内部钩心斗角，官兵镇压人民时又诛杀无度，遂厌恶官场，入山不视事。清兵克嘉定，自鸩殉节。

浣　溪　沙

再赠梁姬文正

夙世刚修半面缘，西风吹上五湖船。秋来瘦影倍堪怜。　　痴想只教魂孟浪，闲情空对影留连。相思同入药炉煎。

作者把自己单思之情，写得深刻动人。他一往情深，魂牵梦惹。下片“痴想只教魂孟浪”“相思同入药炉煎”，可谓意新句新，深切地表现出镂骨铭心的爱。

陆锡明

陆锡明，字幼舆，平湖（今浙江平湖）人。天启五年（1625）进士，曾官江西提学副使。余不详。

点　绛　唇

琵　琶

三尺冰弦，夜深弹破青天窍。意中人杳，只有清光到。　芦荻萧萧，都入相思调。愁怀抱，嫦娥心照，诉与伊知道。

琵琶弦上说相思，可是意中人杳，此中情意只能付与嫦娥。此词淡淡写来，却能细细道出对月怀人的幽恨。在明末，朝野昏愦，不少有识之士，心怀忠悫之情，可又无路请缨，只有望空怀想。这与《琵琶》所写的韵味，是有相通之处的。

陈洪绶

陈洪绶（1599—1652），字章侯，号老莲，诸暨（今浙江绍兴）人。明末著名画家。家贫性傲，恣意豪纵，不拘礼法，人称狂士。擅花鸟、山水，人物尤精妙，与北方人物画家崔子忠齐名，时称“南陈北崔”。晚年号悔迟、老迟、云门僧、九品莲台主等。明亡后，混迹市井和僧侣之间，纵酒为乐，著有《宝纶堂集》。

菩　萨　蛮

秋风袅袅飘梧叶，博山炉里沉香热。绿绮手中弹，挥弦白雪寒。　　明珠声一串，变作英娥怨。风雨暗潇湘，哀音应指长。

把这首词与陆锡明的【点绛唇】《琵琶》比较，可以发现，虽然同写乐音，同属格调委婉，但这首显得更为凄怆。词中提到“英娥”一典，显然寄托着思念故国的情感。连用“寒”“怨”“暗”“哀”等字，可见出作者的怀抱。

鹧鸪词（四首）

行不得也哥哥，我也图兰不作坡，无山无水不风波，是非颠倒似飞梭。飞不起，可奈何。行不得也哥哥。

行不得也哥哥，凤雏龙种已无多，败鳞残甲堕天河，南阳市上鬼行歌。飞不起，可奈何。行不得也哥哥。

行不得也哥哥，霜风夜翦向南柯。老翁卧哭山之阿，翠鸟难脱虞人罗。飞不起，可奈何。行不得也哥哥

行不得也哥哥，华面鸠头舞婆娑。紫髯碧眼塞上歌，老年生日喜无多。飞不起，可奈何。行不得也哥哥。

陈去病《玉石脂》云：“此词似歌、似谣、似乐府；似涕泣、似醉呓。庶几所南《心史》之文云。”确实，奇诡的手法与悲凉的感情结合，呈现出极为独特的意境，结合明朝隳颓的社会现实，诗人狂歌当哭，自不难理解。

徐石麒

徐石麒（1578—1645），字宝摩，号虞求，浙江嘉兴人。天启二年（1622）进士。初入官，即忤魏忠贤，诬赃削籍。崇祯初起为南礼部主事，累官刑部尚书，忤帝意落职。福王时召拜吏部尚书，为权奸马士英、阮大铖所扼，乞归。清兵陷嘉兴，自缢死。

拂　霓　裳

望中原，故宫锦树障烽烟。惊坐起，凉宵梦断蒋陵前。金人倾宝露，玉女绣苔钱。问当筵，谁能醉鼓渐离弦？　　西台哭罢，三户里，识遗贤。攲皂帽。吹箫乞食总堪怜。英雄身未死，屠钓技常连。又何颜，许青门种瓜故侯田。

作者遭逢国破家亡之痛，悲凉慷慨，有志难伸。发而为词，虽句句用典，但在沉婉郁勃之中，仍见血泪交迸之情。末句说无颜归隐，透露出坚贞不屈以身许国的意向。

周永年

周永年（1582—1647），字安期，江苏吴江人，诸生。少有才名，工诗文。晚年居吴中西山。一生作诗累万首，不以推敲镂刻为能事。有《怀响斋词》。

山　花　子

夏　夜

低髻拢花梦半醒，重携枕簟向闲庭。何处玉箫风送远，倚栏听。　　趁着萤光看络纬，卷开珠网放蜻蜓。不是夜长愁不寐，候双星。

唐杜牧有《秋夕》“银烛幽光冷画屏，轻罗小扇扑流萤。天街夜色凉如水，卧看牵牛织女星”一诗，此词可与之对读。读者可以从女子卷开蛛网，放走蜻蜓，夜阑不寐，等候双星的行为中，窥见她在百无聊赖中微妙的内心活动。

计南阳

计南阳，字子山，华亭（今上海松江）人。诸生，有《江枫草》。余不详。

花非花

同心花，合欢树。四更风，五更雨。画眉山上鹧鸪啼，画眉山下郎行去。

风吹雨打，好梦难圆。虽然山上鸟儿不断唱叫“行不得也哥哥”，但哥哥毕竟离开了。此词真率而含蓄，大有民歌风味。

沈宜修

沈宜修（1590—1635），女，字宛君，江苏吴江县人。通经史，工吟咏。适同邑叶绍袁为妻，生三女叶纨纨、叶小纨、叶小鸾，皆聪颖能诗。夫妇携诸女隐于汾湖，以诗词自娱。后以三女小鸾、长女纨纨相继死，痛极而卒。其夫集其所作连同诸女吟咏为《午梦堂》。另有《鹂吹集》和所辑当时女媛之作《伊人思》等。

虞美人

立春

东风已上堤边柳，雪意还依旧。画罗彩胜学裁新，不道闲愁又送一番春。　　年华只是侵云鬓，花信何由问。待看双燕几时来，犹忆杏花长对月徘徊。

春天又来了，年华容易老，闺中少妇不禁在心底泛起淡淡的哀愁。这词写立春时节看到新柳初绿，剪着画罗彩胜，便想起从前对月徘徊，盼望着归来双燕。句丽辞清，从容不迫。其中“已”“还”“又”“只是”“几时”“犹”等虚字，用得特别灵活，使人读来有轻利浏亮、珠走圆盘之感。

霜　叶　飞

题君善祝发图

闷怀难表。西风弄，愁人踪迹颠倒。笑拚华发付凄凉，露泣芙蓉老。梦破柳烟蝴蝶晓，沉吟掷镜寒云扫。世事总休休，但倩取幽窗月影，夜半留照。　　憔悴。动处非狂，愁时易醉，画里人应知道。绕崖黄叶正纷纷，好共哀猿啸。落蕊楚江君莫恼，芳洲处处悲秋草。自有闲云飞伴，松月山空，桂丛烟渺。

据沈宜修之弟沈自徵《鹂吹集序》云：其姐“赋性多愁，洞明禅理，不能自解免。”此词借题祝发图描绘削发为僧者的内心矛盾复杂的心理，可谓细致入微。劈头“闷怀难表”四字，总揽全篇，随后一忽儿会说“愁”，一忽儿说“笑”，一忽儿说沉吟犹豫，一忽儿说决绝掷镜。诗人所理解剃度者的心情，也正是她自己虽洞明禅理，但实在是不能自解免的写照。下片情景交融，有跌宕回旋之妙。

忆　王　孙

天涯随梦草青青，柳色遥遮长短亭，枝上黄鹂怨落英。远山横，不尽飞云自在行。

梦到天涯，望断长亭，落花啼鸟，均显出闺中人的怀远和幽怨。末句写飞云优游自在，这望中景色，与闺中人纡结的情怀恰成反衬。不同意象的对比，又产生了思者自思、行者自行的韵致。“自在”二字极佳，云的自在，暗譬征人的自在。反跌闺中思妇的不自在。这比古诗“浮云蔽白日，游子不愿返”还深一层。

望　江　南

暮　秋

河畔草，一望尽凄迷。金勒不嘶新寂寞，青袍难觅旧葳蕤。野烧又风吹。　　蝴蝶去，何处问归期。一架秋千寒月老，满庭鹃鴂故园非。空白怨凄凄。

古诗十九首有“青青河畔草，郁郁园中柳。……荡子行不归，空床难独守”。此词首句直切河畔草，虽写暮秋景色，但已隐含怀人深意。“一架秋千寒月老”一句，极尽哀感顽艳之妙。

王彦泓

王彦泓（1593—1642），字次回，江苏金坛人。出身世家，然而时运不济，“穷年学历，屡困场屋”，只作过华亭县学训导。

王彦泓工艳体小诗。所作词现存一百〇四首，风格凄婉绮丽，情深语秀，与温庭筠、韦庄的词风相近。著有《疑云集》《疑雨集》。

满 江 红

眼角眉端，谁道是、便成抛散！怕向那、定情帘下，诉愁窗畔。几度卸妆垂手望，无端梦觉低声唤。猛思量，此际正天涯，啼珠溅。　　欲寄语，加餐饭，难嘱咐，凭鱼雁。隔云山牵挽，寸心如线。善病每逢春月卧，长愁多向花前叹。况如今，憔悴已难堪，何曾惯。

《古今诗话》说王次回的作品“见者沁人心脾，里俗为之一变”。此词写来缠绵悱恻，凄楚顽艳，情之所至，真能沁人心脾。“几度卸妆垂手望，无端梦觉低声唤”两句，把热恋中的情人无限思恋的心理，刻画得细致入微。紧接着又以“猛思量”领起，想到对方远在海角天涯。这里感情的变化、跳跃，表现出苦恋者的如醉如痴，柔肠寸断。如果作者在这方面没有真切的体会，是不可能写出如此凄婉动人的词作的。

沈自徵

沈自徵（1591—1641），字君庸，江苏吴县人。国子监生，是著名戏曲家沈璟侄儿，沈宜修之弟。曾居京师十年，后归隐于邑之西乡。崇祯间以贤良方正辟，辞不就。年五十一卒。

沈自徵颖悟绝人，为诗为文，即刻而成，并工词曲。著有杂剧《渔阳三弄》等。朱彝尊说他所撰《鞭歌妓》《灞亭秋》诸杂剧“慨当以慷，有续《录鬼簿》者，当目为第一流”。

凤凰台上忆吹箫

阅古今名媛诗集

雾锁春风，烟埋秋月，一生心事全休。恰雨窗吊古，检点鸳俦。多少明姝珠泪，虚染就，锦笔银钩。伤情处，金环不见，玉叶空留。　　抬头斜阳荒冢，原来是绮阁妆楼。怅尘缘虽破，梦境难收。说甚裁云好手，也几度惊彻鸡筹。沉吟久，知音罕嗣，若个能酬。

在封建社会，才女不知多少，但多数逃不脱红颜薄命的命运。此词借读古今才女的诗集，抒发对妇女的同情。起首“雾锁春风，烟埋秋月”，即以迷惘失落的意蕴，为整首词定下了哀婉感伤的基调。随后边读边想，虚实相生，写到时光流逝，空留墨迹；想到绮阁妆楼，化作斜阳荒冢。结句回复到才女缺少知音，以“若个能酬”的反问兜住。作者这一腔惆怅，万种悲凉，与他自己的不幸遭遇是有联系的，所以写来特别动情。

汤传楹

汤传楹（1620—1644），字卿谋，江苏吴县人。诸生，多才早夭。工词，有《湘中草》词一卷。余未详。《柳塘词话》说："《湘中草》小词，特多秀发之句。"《明词综》亦引陆灵长云：汤与其妻丁氏"每日暮相与登南楼，烧灯置酒，援毫微咏，则成之，诗词皆幽艳。"

阮　郎　归

玉台晓镜试新凉，薄施秋水妆。空庭对影怯昏黄，微风吹雾裳。　　佩洛浦，髻巫阳，凭阑问海棠。夜深多露倚谁旁，折来伴绮窗。

本词写女子梳妆打扮，却只能空庭对影，孤独寂寞。着一"怯"字，很能表现出她内心的隐痛。下片说她折取海棠，让它陪伴寂寞，这与《西厢记》"楼上花枝照独眠"同一意蕴。

吴本泰

吴本泰（生卒年不详），字药师，钱塘（今浙江杭州）人。崇祯七年（1634）进士，官至吏部郎中。有词集《绮语障》。

满　江　红

和王昭仪

白雁南飞，摇落尽，汉宫秋色。笳吹起、霓裳声断，绛河仙阙。翡翠巢空金殿里，鸳鸯瓦碎瑶台侧。忆春风拂槛露华浓，都销歇。　　尘暗淡，灯明灭，蛩语似，支离说。怨琵琶空抱，杜鹃啼血。戍柝惊回鸡帐梦，玉容羞照龙沙月。莫悲伤环子系罗衣，君恩缺。

本词不是一般的唱和应酬之作，它扭合王昭君和杨玉环的遭遇，对封建时代居于深宫、受到种种痛苦的妇女表示深切的同情。作者巧妙地把有关王、杨的诗句、典故交织在一起，别开生面而又哀感顽艳。末自以杨妃被缢一事，宽慰那些处境凄凉但尚可苟全性命的妃嫔，反显得分外悲切动人。

万寿祺

万寿祺（1603—1652），一名寿，字介若，又字内景，号年少，铜山（今江苏徐州）人。崇祯三年（1630）举人，复社成员。精于诗文书画以及篆刻。南明王朝覆亡后，曾与友人集义军于太湖抗清，事败被捕。脱走江湖，儒衣僧帽，名慧寿，自称明志道人。著有《隰西草堂集》《遁渚唱和集》等。

双调望江南

烟雨路，水国渐迷离。芳草遥天人去后，碧云满地雁来时。秋信竟差池！　　何处问，脉脉到于今。精卫徒生沧海恨，鳖灵不断蜀山心。天宇自荆榛。

这词写得深隐。但若从末句“天宇自荆榛”读起，结合精卫、鳖灵两典，词旨其实是相当明朗的。明末国破家亡，满路荆棘，作者悲愤莫名，遥望水乡，荒凉迷惘。上片写水乡烟水迷离，也是作者悲愤彷徨心境的透露。

浣　溪　沙

遁渚西边桥户开，夜迎凉月唱歌回。一川烟草自徘徊。

头白老乌新啄屋，味长妖鸟独登台。五陵佳气梦中来。

写法与上面一首相近，也是通过典实透露新意。所不同者，是这词上片写夜迎凉月，一路歌唱，显得放旷不羁的样子。但第三句“徘徊”两字，引入下面两联，结合末句的感慨，则作者强作超脱狂歌当哭的情怀，跃然于纸。

陈子龙

陈子龙（1608—1647），字人中、卧子，号大樽，华亭（今上海松江）人。崇祯十年（1637）进士，选绍兴推官，擢吏部主事、兵科给事中等职。清兵入关后，朱由崧在南京建立了南明王朝，陈子龙率其所部水师数千人往援，岂料受马士英、阮大铖等权奸多方掣肘，他屡向弘光皇帝劝谏，亦不受重视，于是离开官场，遁而为僧。不久，南京为清兵陷落，陈子龙便奋起抗战。他接受南明鲁王的封衔，秘密联络太湖水师，图谋举事，不幸事情败露，被清兵逮捕。在押解途中，他乘守者不备，投水自杀。

陈子龙是明末诗词大家。在诗歌理论上，他接近明七子，但经过社会变迁，他又看到诗歌的形式，也应有所创新，认为“盖诗之为首，不必专意为同，亦不必强求其异”。认为今人古人，有自己不同的处境，“天致人工，各不相借”。（《仿佛楼诗稿序》）至于词，则主张“其为境也婉媚，虽以惊露取妍，实贵含蕴不尽”。（《古今词话·词品》）所以陈子龙晚年身遇国破家亡之痛，其诗歌写得沉雄悲壮。但其词的风格，却另呈境界。总的来说，以婉约为宗，“以浓艳之笔，传凄婉之神。”（陈廷焯《白雨斋词话》）故《古今词话》云：“大樽文宗两汉，诗轶三唐，苍劲之色，与节义相符。乃《湘真词》一集，风流婉丽如此！”王士祯也说：“大樽诸词，神韵天然，风味不尽，如瑶台仙子独立却扇时。而《湘真》一刻，晚年所作，寄意更绵邈凄恻。”（《明词综》卷六引）陈子龙原有《湘真阁》《江篱槛》词集，均佚。后来王昶编《陈忠裕公全集》，收入其词一卷。

浣 溪 沙

五 更

半枕清寒泪暗流，愁时如梦梦时愁。角声初到小红楼。　　风动残灯摇绣幕，花笼微月淡帘钩。陡然旧恨上心头。

以闺阁之情，写一腔幽恨。此恨绵绵杳杳，莫可名状。到底他是怀人，还是伤时？是怨人，还是自怨？作者不说清楚，他只让读者领略闺中人勾起的新愁旧恨的滋味，领略一种凄婉之美。

浣 溪 沙

杨 花

百尺章台撩乱飞，重重帘幕弄春晖。怜他飘泊奈他飞。　　淡日滚残花影下，软风吹送玉楼西。天涯心事少人知。

此词佳处，在于把撩乱飞扬的杨花和天涯漂泊者联系起来。至于杨花形状，倒着墨不多。邹祇谟《远志斋词衷》云：

咏物词“取形不如取神，用事不若用意。”故善作者每取于不即不离之间。王士禛说此词“不着形相，咏物神境”，这是很准确的评价。

江　城　子

病起春尽

一帘病枕五更钟，晓云空，卷残红。无情春色，去矣几时逢？添我千行清泪也，留不住，苦匆匆。　　楚宫吴苑草茸茸，恋芳丛，绕游蜂。料得来年，相见画屏中。人自伤心花自笑，凭燕子，骂东风。

病枕上听五更钟响，晴空一洗，卷去残花。这开首三句，即把“病起春尽”的题旨收拾殆尽。随后怨春色无情，问此去何时再见，说泪滴千行也留不住春光，是从病起者眼中看春尽以及道出由此引起的种种感受。下片忽一笔荡开，写预料明年春天来临时生机勃勃的情景。这想象之辞恰是对今年烦恼的自我宽慰。“人自伤心花自笑”一语，正透露出苦闷的心态。所以陈廷焯说这词写得“绵邈凄恻”。（《白雨斋词话》卷三）

天　仙　子

古道棠梨寒恻恻，子规满路东风湿。留连好景为谁愁。归潮急，暮云碧，和雨和晴人不识。　　北望音书迷故国，一江春雨无消息。强将此恨问花枝。嫣红积，莺如织，侬泪未弹花泪滴。

满路子规，一江春雨，作者纵览江南，感到无限寒恻和凄楚。换头以“北望音书迷故国”带起，可见作者眼中景色，实也包含着他对政局的看法。结句把杜甫名句“感时花溅泪，恨别鸟惊心”翻进一层，显得含蓄委婉。忧国伤时之情，寄寓绵绵不断的春恨之中。

山　花　子

杨柳凄迷晓雾中，杏花零落五更钟。寂寞景阳宫外月，照残红。　　蝶化彩衣金缕尽，虫衔画粉玉楼空。惟有无情双燕子，舞东风。

陈廷焯评此词：“凄丽近南唐二主，词意亦哀以思矣。”（《白雨斋词话》卷三）以凄丽形容它的风格，可谓批郤中窾。陈子龙于沧海横流之际，兴黍离、麦秀之悲，以优美的笔触，写哀伤的情怀，自然使作品别具风神。下片写蝶化彩衣，虫衔画粉，无情双燕飞舞东风的形象，比李白《越中览古》“宫女如花满春殿，只今惟有鹧鸪飞”，更觉凄丽入骨。

诉　衷　情

春　游

小桃枝下试罗裳，蝶粉斗遗香。玉轮辗平芳草，半面恼红妆。　　风乍暖，日初长，袅垂杨。一双舞燕，万点飞花，满地斜阳。

这词以优美景色的描写和悠扬音韵的安排见长。它重点写了春游的年轻女子，复以融融冶冶的景物相衬，愈显得春意盎然。此所以被王士祯评为“情景相生”，还引王世贞的说法“清真（周邦彦）能作景语，不能作情语”，陈子龙则“令人有后来之叹”。

点　绛　唇

春日风雨有感

满眼韶华，东风惯是吹红去。几番烟雾，只有花难护。　　梦里相思，故国王孙路。春无主！杜鹃啼处，泪染胭脂雨。

以春花凋残春光消逝，隐喻国破家亡。以平缓之笔，写刻骨之痛，更觉深沉婉郁，寄旨遥深。此词从眼中烟雾、梦里相思落笔，具有绵邈悱恻的韵致，历来被视为陈子龙的代表作。

谒　金　门

五月雨

莺啼处，摇荡一天疏雨。极目平芜人尽去，断红明碧树。　　费得炉烟无数，只有轻寒难度。忽见西楼花影露，弄晴催薄暮。

周祇谟评此词“漂渺澹宕，全见用笔之妙”。（《陈忠裕全集》）按陈子龙擅以情景相生的写法，以景言情，因情写景。

他往往放眼全局，从揽取总体意象入手，如“满眼韶华”“一江春雨无消息”“小楼望极连平楚”，然后通过刻画局部，于细处着墨，深入细腻地抒发情感。此词在写了“一天疏雨”后，点染西楼花影，运用的便是这种表现手法。

少 年 游

春 情

满庭清露浸花明，携手月中行。玉枕寒深，冰绡香浅，无计与多情。　　奈他先滴离时泪，禁得梦难成。半晌欢娱，几分憔悴，重叠到三更。

从同行，到共枕，乃至即将分手，极婉媚，极工细，曲曲写来，跌宕有致。结句说，欢娱与憔悴“重叠到三更”，其意象颇似后来电影的蒙太奇手法，真能把缠绵的情致刻画入骨。所以周祇谟说“词不极情者，未能臻妙如此。朦胧宕折，应称独绝”。

柳 梢 青

春 望

绣岭平川，汉家故垒，一抹苍烟。陌上香尘，楼前红烛，依旧金钿。　　十年梦断婵娟，回首处，离愁万千，绿柳新蒲，昏鸦暮雁，芳草连天。

此词环绕“望”字着墨，望中怀想。抚今追昔，往日的繁华，眼前的苍凉，种种景象，在作者的脑海中交错出现。其意旨与杜甫《春望》“国破山河在，城春草木深”相近。下片以澹荡的笔法，以寥廓的景色，映衬落寞的心情，尤得绵邈之趣。“绿柳新蒲”句，暗含杜甫《哀江头》“江头宫殿锁千门，细柳新蒲为谁绿”的意象。遭受过离乱的经历者，读来更深有体会。

蝶　恋　花

春　日

雨外黄昏花外晓，催得流年有恨何时了。燕子乍来春渐老，乱红相对愁眉扫。　　午梦阑珊归路杳，醒后思量，踏遍闲庭草。几度东风人意恼，深深院落芳心小。

岁月流逝，前路渺茫，这是诗人所以春日兴感的缘由。上片说这边黄昏那边天晓；春燕刚来，春光又老，都以“催”字为机杼，表现流光转换的迅速。下片则着重抒写苦闷彷徨的感情。伤春实即伤时，作者于社会动荡之际，忧国忧民，有志而不获驰骋，自然是梦中牵惹，醒后思量，心绪万千，无法安宁的了。

唐　多　令

寒　食

碧草带芳林，寒塘涨水深，五更风雨断遥岑。雨下飞花花上泪，吹不去，两难禁。　　双缕绣盘金，平沙油壁侵，宫人斜外柳阴阴。回首西陵松柏路，断肠也，结同心。

寒食时节，凭吊宫女墓地，借伤逝以感念故国，写得凄恻动人。首三句写碧草平林、寒塘秋水、风雨霏霏，把清明前后的景色包笼殆尽。“雨下飞花花上泪”，是全篇警句。花泪，实即诗人心中之泪，使人读来回肠百转。

念　奴　娇

春雪咏兰

问天何意，到春深、千里龙山飞雪。解佩凌波人不见，漫说蕊珠宫阙。楚殿烟微，湘潭月冷，料得都攀折。嫣然幽谷，只愁又听啼鴂。　当日九畹光风，数茎轻露，纤手分花叶。曾在多情怀袖里，一缕同心千结。玉腕香消，云鬟雾掩，空赠金跳脱。洛滨江上，寻芳再望佳节。

委曲幽深，别有寄托，是这首咏物词的特点。开首“问天何意”四字，是作者凄怆情怀的直接透露。而下文却说仙女的不遇，兰蕙的零落。复又写到当日与美人共同赏兰的回忆，真是一路掩映，盘曲隐约。清人沈祥龙《论词随笔》云：“咏物之作，在借物以喻性情，凡身世之感，君国之忧，隐然蕴于其内，斯寄托遥深，非沾沾焉咏一物矣。”过去常有美人芳草的写法，此词以雪压春兰为譬，显然是寄寓着明亡之痛的。

夏允彝

夏允彝（1598—1645），字彝仲，华亭（今上海松江）人。崇祯十年（1637）进士，累官吏部考功司主事。博学善文，与同邑陈子龙等结几社，与复社、东林相应。北京既破，走谒尚书史可法，共谋复兴。后南京亦为清兵所破，他曾组织义军，反抗侵略。失败后，彷徨山泽间，闻友人皆死节，乃投水自杀。

千秋岁引

丽谯

泽国微茫，海滨寥廓，万堞孤域逼天角。云外龙车碧树悬，霜前雁字当窗落。苎城花，秦山月，都萧索。　　刺史风流携琴鹤，暇日寓吟倚轩阁，酾洒新亭几忘却。三泖沙明绕郡楼，九峰岚翠扶城郭。铜壶响，晓更催，宛如昨。

登上谯楼，纵目云山；孤城突兀，天海萧条，不禁悠然兴起，物我情怀，融于一体。下片忽开异境，说自己风流潇洒，面对着明沙翠岚，再不管家亡国破。但点出“几忘却”三字，实又表明无法忘却。于是，强颜欢笑，故作闲适的复杂心态，便从跌宕多姿的语势，从时而工整时而沉郁的韵味中传出。又据此词表露的悲凉心境，联系到崇祯皇帝的死，“云外龙车碧树悬”一句，亦或有所指。

来集之

来集之（生卒年不详），字元成，萧山（今浙江萧山）人。崇祯十二年（1639）举人，官安庆府推官。著有《倘湖樵书》。

玉楼春

窗外松篁初过雨，半天爽气开烟雾。狂怀无计奈花飞，倚楼独自和莺语。　　偏是春来无意绪，只身没有安排处。溪流一派送愁来，山围四面裹愁住。

起句俊爽，结句蕴藉。中段写“独自和莺语”，又显得细腻。小令写得一波三折，颇为难得。结句说溪流送愁来，山色裹愁住，是不可多得的俊语。

黄周星

黄周星（1611—1680），字九烟，上元（今江苏南京）人。少育于湘潭周氏，崇祯十三年（1640）进士，官户部主事，疏请复黄姓。明亡后遁迹湖州。清康熙十九年（1680）因遭人倾陷，在南浔投水而死。著有《刍狗斋集》。

满　庭　芳

送友人还会稽

新绿方浓，残红尽落，多情正自凝眸。不堪南浦，又复送归舟。便倩江郎作赋，也难写、别恨离愁。消魂久，斜阳芳草，天际水悠悠。　　问君何处去，若耶溪畔，宛委山头。有千岩竞秀，万壑争流。愧有江湖迹遍，到如今、仍坐书囚。迟君至，开襟散发，咏月醉南楼。

明畅流利，婉转舒徐，是本词的特色。在写景中结合典实，显得含蓄蕴藉。换头以“问君何处去”振起，推想友人回到会稽以后的愉悦，再以自己“仍在书囚”的处境作衬，归结到他年重聚的愿望，一波三折，跌宕有致，而章法严整，洵是写别情的佳构。在满怀愁绪中，作者引入李白“明朝散发弄扁舟”，庾亮秋夜登南楼等意象，便又透露出高雅卓异的风致。

金俊明

金俊明（1603—1676），初冒姓朱氏（皇帝姓），名衮，后复姓，更今名，字孝章，号耿庵，又号不寐道人。江苏吴县人。诸生，好录异书，靡间寒暑。工诗善画，尤以画梅花见称。死后门人私谥贞孝先生。有《春草闲房诗集》。

生　查　子

北平驿秋夜

逼暝转深林，瑟瑟松涛沸。日落旅魂惊，嘶马停还未。　　灯萦独夜情，剑吼清秋气。凉月照无眠，应见征人泪。

暝色深沉，松涛如沸，日落马嘶，孤灯凉月，构成了秋夜驿站的独特意境。“剑吼清秋气”一句，使人精神陡然振发。末句复以“征人泪”押住，点明壮士悲秋，凉气入骨。宋代贺铸《六州歌头》曾有“不请长缨，系取天骄种，剑吼西风”之句，此词意蕴与其略近。明代小令写得如此神寒气壮者，并不多见。

方以智

方以智（1611—1671），字密之，号鹿起，安徽桐城（今安徽枞阳）人。崇祯十三年（1640）进士，官翰林院检讨。与冒襄、陈贞慧、侯方域并称“明季四公子”。他主盟复社，感于国家危难，时政日非，“日与诸子画灰聚米，筹当世大计。或酒酣耳热，慷慨呜咽。”（徐芳《愚者大师传》）南明时，为权奸马士英、阮大铖中伤。逃至南海，以卖药为生。清兵入广东后，南走广西奔桂王，后出家以示不驯服清朝，法名弘智，字愚者，一字无可，人称药地和尚。博览群书，长于音韵，兼通天文、地理、历史、医药等，所著《通雅》，论者评价颇高。在文学上也有建树，王夫之说他“姿抱畅达，早以文章誉望动天下”。（《方以智传》）朱彝尊说他“纷纶五经，融会百氏”，而他自己则表示自己是屈原、贾谊一类人物。著有《浮山全集》。

忆秦娥

花似雪，东风夜扫苏堤月。苏堤月，香销南国，几回圆缺。　钱塘江上潮歌歇，江边杨柳谁攀折？谁攀折，西陵渡口，古今离别。

诗词以离别为题材者，自不乏见。而此词写仰视长天，则“东风夜扫苏堤月”；俯视江流，则“钱塘江上潮声歇”。境界悲凉独特，足见伤心人别有怀抱。俯仰今昔，思量盛衰，使诗人黯然神伤者，当不仅仅是送别亲朋的问题。

吕福生

吕福生，字吉士，会稽（今浙江绍兴）人。余不详。

多　丽

夜未央，蛩声一片侵床。漏滴沥，云颓雨咽，谱成半枕凄凉。空怅望，纤林带月，不堪闻，孤雁啼霜。灯泪红残，香心字冷，难将樽酒倩疏狂。恨人去，天涯路远，抛却好春光。向只道，相思有梦，毕竟荒唐。　破愁烦，蝇头绣句，花笺印叠鸳鸯。更关情，楼西倚闷，最消魂，灯下凝妆。月不长圆，花原易落，一时也抵百年长。终凝恋，斜阳衰草，别袂共离觞。一点点，鲛衫欲湿，界破檀黄。

上片写女子对情郎的思念。下片写男子对情人的眷恋。两相映照，更显得旖旎缠绵，婉曲有致。洵为明慢词中的精品。

朱一是

朱一是（生卒年不详），字进修，浙江海宁人。崇祯十五年（1642）举人，明亡不仕，外出流亡，受尽流离颠沛之苦，而志不肯屈。他目睹清兵掳掠之酷，饱受国破家亡之痛，常常悲愤填膺。后归里，披缁衣授徒。工诗，主文社。著有《为可堂集》，又有《梅里词》一卷。

二　郎　神

登燕子矶秋眺

岷峨万里，见渺渺、水流东去。指远近关山，参差宫阙，起灭长空烟雾。南望沧溟天边影，辨不出、微茫尽处。叹三楚英雄，六朝王霸，消沉无数。　　从古，长江天堑，飞艎难渡。自玉树歌残，金莲舞罢，倏忽飞乌走兔。燕子堂前，凤凰台畔，冷落丹枫白露。但坐看，狎鸥随浪，渔父扁舟朝暮。

“秋眺”两字，笼罩全篇。上片即写放眼江山，眺望长江，眺望天边，眺望三楚，眺望南京。复以渺渺水流、霭霭烟雾、微茫天影诸景作衬，显出视野的高远。随后目光沿江而下，收束于作为六朝金粉之地的南京，引出深沉的兴亡感慨。换头以“从古，长江天堑，飞艎难渡”振起，却又酣写南京历代繁华的消歇，这就表明世事如流水，天堑不足恃。而对南京历史的回顾，实是影射南明王朝败亡的现实。末句忽写坐看鸥鹭，希望远离俗浊，笔调淡冷，其实感情郁热。整首词章法严整，而色调缤纷。诗人把豪壮、沉郁、感伤、旷达的意象熔于一炉，正好表达他矛盾复杂的心理状态。

吴 昜

吴昜（yáng），《明史》作吴易，字日生，江苏吴江人。崇祯十六年（1643）进士，福王时授兵部主事，监史可法军。募兵屯长白荡。康王授兵部侍郎，进尚书。鲁王监国，转长兴伯。兵败被执殉节死。清初追谥节愍。有《东湖倡和诗》等。

满 江 红

斗大江山，经几度，兴亡事业。瞥眼处，英雄成败，底须重说。香水锦帆歌舞罢，虎丘鹤市精灵歇。尚翻来，吴越旧春秋，伤心切。　　伍胥耻，荆城雪，申胥恨，秦庭咽。羞比肩种蠡，一时人杰。花月烟横西子黛，鱼龙沫歕鸱夷血。到而今，薪胆向谁论，冲冠发。

鲁迅曾说："发思古之幽情，往往为了现在。"作者吴昜是抗清志士，国仇家恨，横亘于胸，当他回顾吴越的"兴亡事业"，想到江山残破的现实，不禁热血沸腾，一腔悲壮之情喷薄而出。"到而今，薪胆向谁论，冲冠发"几句，直抒题旨，掷地有声。整首词，气概磅礴，所用吴越时代的故事，均与雪耻复仇有关。此中深意，不言而喻。

吴闻礼

吴闻礼，字去非，休宁（今安徽休宁）人。崇祯十六年（1643）进士，余不详。

浪　淘　沙

水　宿

枕畔水泠泠，并作秋声，布衾初拥别愁生。风露自寒天自远，梦隔江城。　　篷底漏疏星，何处渔灯，桐江钓后一裘轻。宦海不如归去稳，烟渚芦汀。

夜宿水边，更深人静，容易触发诗思。所以唐卢纶的《晚次鄂州》“估客昼眠知夜静，舟人夜语觉潮生”，苏舜钦的《淮中晚泊犊头》“夜泊孤舟古祠下，满川风雨看潮生”，王安石的《泊船瓜州》“春风又绿江南岸，明月何时照我还”。各写水宿时的不同情景，均能脍炙人口。此词着重描绘离宦海时泊舟江边的心态。“风露自寒天自远”语涉双关，“篷底漏疏星”萧淡清远。均是词中精妙之笔。

张 逸

张逸，字泰庵，浙江嘉兴人。生平事迹不详。

桂 枝 香

寄友村居

天高气肃，正一派秋声，悲吟万木。潇洒远山抹翠，澄溪漾玉。故人家住残阳外，小枫村，低低茅屋。烟生芦渚，霜沾菊圃，酒香茶熟。　　疏篱畔，山中野服。想竹栏琴韵，松窗棋局。四壁清幽，闲挂云林几幅。鲤鱼风起天横雁。待一叶、寻他剡曲。开樽长啸，池边蟹紫，墙头橘绿。

通篇纯用景语。开首三句强调秋气惨淡肃杀。第四句笔锋骤转，“潇洒”两字一落，词的韵味尽变，作者极写友人住得潇洒，活得潇洒，同时寄寓自己对村居潇洒生活的向往。以肃杀的背景烘托潇洒，其间意味，颇为深长。所以，这通篇景语，并非单纯写景。

程 稃

程稃（生卒年不详），字墨仙，休宁（今安徽休宁）人。著有《石交堂集》。

玉 楼 春

子规啼遍杨花路，缄泪函情无寄处。君如南浦往来潮，妾似西陵朝暮雨。　　当年只恨传金缕，何必相逢成别苦。夜深蜀国十三纭，紫女青皇私自语。

《明词综》引《柳塘词话》云："休宁程墨仙不为金粉遮障闺幨铺张之语，而情至之作，自能沁人心脾。"并认为【玉楼春】所写的"密怨"，可推为闺情第一。此词确写得真率深挚。上片"君如南浦往来潮，妾似西陵朝暮雨"两句，尤为俊逸流利，令人击节赞赏。

张杞

张杞，字迂公，湖北黄陂人。有《和花间词》。余不详。

浣溪沙

苔草无人半入泥，妒风狂雨绿窗西。闲来梦断苦莺啼。　蝶媚常黏飞絮浦，燕娇惯舞落花溪。晓天深夜冷幽闺。

此词写春末幽闺索莫的情景。结句“冷”字是全篇之眼。荒径无人，风急雨骤，苦莺啼梦，飞絮落花，均环绕着“冷”字着墨。复以“蝶媚”“燕娇”作反衬，更显闺中人内心的凄冷。

胡　介

胡介（生卒年不详），初名士登，字彦远，号旅堂，钱塘（今浙江杭州）人。诸生，工诗。有《旅堂诗集》《河渚词》等。

满　江　红

走马归来，西陵下、斜阳满树。回首处、酒垆犹在，河山非故。久客不知家远近，重来却怪人惊顾。听啼鹃也道不如归，归何处？　　草元阁，兰台署，扬州梦，秦淮渡。走人间未遍，苍凉日暮。惆怅辽东丁令鹤，当年华表谁为主？但相逢莫负故人心，三生路。

明词豪宕慷慨之作不多。此篇如骅骝下坂奔驰腾骤而气足神完。上片写远客归来，江山依旧，人事已非。下片写回首前尘，感慨万千，苍凉中透出俊爽的韵味。唐代诗人刘皂有《旅次朔方》："客舍并州已十霜，归心日夜忆咸阳。无端更渡桑乾水，却望并州是故乡。"贺知章有《回乡偶书》："少小离家老大回，乡音无改鬓毛衰。儿童相见不相识，笑问客从何处来。"历来脍炙人口。此词以"久客不知家远近，重来却怪人惊顾"，檃括两诗意蕴，亦堪称佳作。

孟称舜

孟称舜（约1600—约1655），字子适，又字子若，或作子塞，会稽山阴（今浙江绍兴）人。明代著名戏剧作家。所作的《娇红记》传奇和《人面桃花》等杂剧，均为戏曲史上的名篇。所选编的《古今名剧合选》，收入元明两代杂剧五十六种，在元明杂剧的整理刊布方面，具有积极意义。

卜 算 子

回首望西陵，隔别人南浦。缥缈孤云自往来，寂寞归时路。　　蓼渚小鸿飞，梦断风吹雨。江外峰青似剑铓，难割愁肠去。

孟称舜不以词名，但这首【卜算子】写得清俊可嘉。结句直从柳宗元《与浩初上人同看山寄京华亲故》“海上尖山似剑铓，秋来处处割愁肠”化出，可谓善翻新意者。

邵梅芳

邵梅芳，字景悦，青浦（今上海青浦）人。诸生。余不详。

眼　儿　媚

咏　燕

东风一剪过池塘，曾识旧纱窗。乌衣未改，红妆如昨，稳上雕梁。　　年年花下相逢处，何事更商量？多应是诉，来时春短，别后秋长。

宋代词人史达祖《双双燕》有云：“试入旧巢相并，还相雕梁藻井，又软语商量不定。”邵梅芳这首词的意蕴，即由此生发。但邵词写得轻倩明畅，又不同于史词格调。“来时春短，别后秋长”两句，尤具韵致。

邵　嶙

邵嶙，字云章，青浦（今上海青浦）人。余不详。

贺　新　凉

雁　声

睡觉秋窗罅。正闲阶，商飙萧飒，明蟾低亚。嘹唳数声天际响，直透茆檐竹瓦。这凄怨、凭谁堪话？辛苦塞垣千万里，又明星几点湘烟挂。稻粱好，究须怕。　娟娟凉露横空洒。好似听、哀弦密拍，楚歌悲咤。难比闲鸥和野鹜，随意鲈乡蟹舍。任沙觜，沿缘上下。今夜重帏寒信紧，又豆棚络纬萧萧者。铜仙泪，泫然泻。

在悲凉的秋夜，听到悲凉的雁声，于是触发许多感慨。作者想到秋雁和人一样，受漂泊之苦，为稻粱之累，还要担惊受怕，谨防陷害，反倒不如闲鸥野鹜，可以潇洒过活。末句写到雁为朝代兴废哀鸣，又把题旨推进一层。此词以小见大，格调清奇，韵致迥远。复以风声、哀弦声、促织声、楚歌悲咤声与雁声烘托，洵是出手不凡。

钱光绣

钱光绣，字圣月，晚号蛰庵，宁波人。余不详。

临　江　仙

酒国投时辄醉，砚田荒久慵耕，不堪落叶两三声。病从秋后减，愁向雨中生。　　拊剑还歌白石，焚香闲展黄庭，徘徊山寺又钟鸣。鸦啼归晓树，蛩语伴疏灯。

全篇以“愁”字为窍。饮酒辄醉，笔墨懒掂，愁之所致也；抚剑长歌，生不逢时，愁之所由也；焚香读经，徘徊山寺，所以遣愁也；落叶声、钟声、鸦声、蛩声，兼有秋雨疏灯，所以伴愁也。而作者所说的愁，仍多少透出豪逸之气，不同于幽恨缠绵、愁肠寸断的写法。

姜实节

姜实节，字学在，山东莱阳人。有《焚余草》。余不详。

临　江　仙

纪　游

梦断罗帏春浅，小楼风竹频敲。溪流一曲抹山腰。雨香初拂柳，日气渐烘桃。　笑解金龟同买醉。故人雅集今宵。阄诗量酒兴还饶。晓钟齐女墓，残月大姑桥。

明快的语言，表现出明快的心境。元代胡適通的散曲有句云：“残花酝酿蜂儿蜜，细雨调和燕子泥。”被李调元评为“皆人所不能道”。此词“雨香初拂柳，日暖渐烘桃”，在表现春光融冶方面，与胡曲可谓异曲同工。其中“雨香”一语，尖新秾丽，也属人所不能道者。

杜濬

杜濬（1611—1687），原名诏先，字于皇，号茶村，湖北黄冈（今湖北黄州）人。崇祯十二年（1639）副榜贡生，南明时以马士英、阮大铖专权，事不可为，遂绝意仕进。后隐居金陵，改名濬。有《扫花词》《变雅堂集》等。

浣溪沙

读《越绝书》

亘古谁家国不亡？西村空自产无双，姑苏台后五湖航。　渔父一桡存郑国，乞儿三战报平王，英雄到此却思量。

此词提出了一个很严肃的问题："亘古谁家国不亡？"作者认识到，由盛而衰，由兴而替，这是不可避免的。至于灭亡的原因是什么？联系到历史的实际，他认为不在"美色"，第二句"空自"两字，表明了这种态度。他隐约感到，郑国之所以存，靠的是渔父这个做了好事的老百姓；楚国之所以亡，根源在楚平王残害忠良。末句点出"英雄"，提醒那些有志之士要考虑历史的教训。这在明末，颇有其现实意义。

陆嘉淑

陆嘉淑，字冰修，号射山，海宁（今浙江海宁）人。诸生，入清不仕。著有《辛斋遗稿》。余不详。

汉　宫　春

客中九日

极目平芜，见疏林萧飒，远水㳽漫。举头一声哀雁，别泪空弹。秋客惨淡，但心伤、行路艰难。何况是，重阳时节，天涯风景凄然。　　长恨征途憔悴，叹敝裘风雨，疲马关山。为问故园黄菊，知有谁看。风吹破帽，漫凭高、一醉尊前。浑未解，远游何意，白云回首江天。

此词情感直露而真率。重阳时节，作者满怀愁绪，于是放笔抒写，不计较文字检点。其一起一结，眼界极宽，取景极阔，这既是登高望远情态的实写，也增加了澹宕空灵的韵味。

孙绍祖

孙绍祖，字君裘，浙江嘉善人。诸生。余不详。

谒 金 门

春雨足，香嫩枝头微绿。渭水清清寒漱玉，客来茶正熟。　　午倦不堪重读，点就乳花飞瀑。七碗可人凉气肃，潇潇风助竹。

通篇说茶。首句说采茶季节，次句说茶叶，三句说泡茶的水，四句说茶客烹茶。下片说倦了便以茶提神，接着说点茶、泡茶。末两句以喝茶的感受作结。写得工巧而流畅，读来妙趣横生。

倪 抚

倪抚，字曼倩。余不详。

菩 萨 蛮

送 春

年年白放春归去，无端又是风和雨。倦态不成妆，春宵恨转长。　　一灯红夜午，城上闻更鼓。鱼钥锁双扉，愁他梦里归。

此词以“送春”为题。首句、次句连续下“白放”“无端”两语，显出无可奈何的心情。过片写午夜灯红，静听更鼓，是长夜无聊的具体表现。末句以“愁他梦里归”作结，诗人把春送走，不得不关上门扉，但又惦挂着他，“愁他梦里归”，不得其门而入。这出人意外的一笔，恰好表明对春的眷恋。全篇吐属俊逸，句句透露着相思之意，在情诗中别开生面。

沈士鈜

沈士鈜，字宝臣。余不详。

鹊　桥　仙

渔　父

澄潭集网，寒江垂线，雪白鲈鱼成串。西风吹送酒花香，促步向垆头索换。　　竹篙枕月，蓑衣遮面，一曲沧浪天半。乾坤水上最清闲，也自分烟波占断。

诗词中许多以渔父为题材的作品，多写生活环境的优美娴静，像张志和的“西塞山前白鹭飞，桃花流水鳜鱼肥”，柳宗元的“渔翁夜傍西岩宿，晓汲清湘燃楚竹”，白朴的“黄芦岸白蘋渡口，绿杨堤红蓼滩头”，白贲的“浪花中一叶扁舟，睡煞江南烟雨”等等。沈士鈜此词上片，倒是极写渔夫捕鱼的忙，索酒的忙，以生活的忙碌反衬内心的“清闲”。这颇见新意，别饶风味。

沈钟鹤

沈钟鹤，字同庵。余不详。

虞　美　人

春　雨

春光九十谁分取，断送晨昏雨。桃花和泪湿胭脂，检点残花一半未开时。　　长空拟把愁云扫，如梦浑难晓。柔肠不断却回环，咫尺相思人隔万重山。

此词缠绵旖旎。写春雨打落了一半未开的花，写春云漠漠如沉睡难醒的梦，这意境均人所未道。又况周颐云：作词需“意不晦，语不琢，始称合作。至不求深而自深，信手拈来，令人神味俱厚”。此词在语言运用上，不晦不琢，可说进入神味俱厚的境地。

天随子

天随子，不知何许人，唐代隐士陆龟蒙曾以“天随子”为号，这明代的天随子，想必是位陆姓的隐逸。生平不详。

南 乡 子

华亭吊古

风雨满长亭，鹤唳滩头梦未平。故国王孙何处去？伤情，烟月空蒙白苎城。　　往事恨飘零，江上青山云自横。闻说莼鲈秋更好，凄清，漫忆风流张步兵。

题为《华亭吊古》，重点思怀陆机、张翰二位古人。陆机抛弃了优游的生活，热衷功名，至死方悟；张翰则急流勇退，弃官返乡。两相比较，前车可鉴。作者心事，不言而喻。

今　释

今释（1614—1680），俗名金堡，字卫公，又字道隐，仁和（今浙江杭州）人。崇祯十三年（1640）进士。桂王立，授礼科给事中。后被诬下狱，谪遣途经桂林，削发为僧，法号性因。桂林陷，投广州雷峰寺，改名今释，字澹归。康熙初为韶州（今广东省韶关市）丹霞山（在今广东省仁化县南十公里）别传寺主持。有《遍行堂集》《续集》《岭海焚余》等。

八声甘州

卧病初起，将还丹霞，谒别孝山算军持频挂到于今，已是十三年。便龙钟如许，过头拄杖，缓步难前。若个唤春归去，高柳足啼鹃。有得相留恋，也合翛然。　况复吟笺寄兴，似风吹萍聚，欲碎仍圆。只使君青鬓，霜雪又勾连。叹人间，支新收故，尽飞尘赴海不能填。重相惜，后来还得，几度相连。

此词是作者出家十三年后之作，但情绪如此压抑，感慨如此深沉，表明他完全不能脱俗和免俗。起句即沉雄郁勃，句首以“算”“已”“便”三个虚字领起，恰切地表现出思忆之深。其后写将还丹霞，笔调稍趋潇洒，但不过是故作姿态。下片警句迭出："风吹萍聚，欲碎仍圆"；"尽飞尘赴海不能填"。其意象均前人所未道。奇崛厚重，兼而有之。

小　重　山

得程周量民部诗却寄

落落寒云晓不流，是谁能寄语，竹窗幽。远怀如画一天秋。钟徐歇，独自倚层楼。　　点点鬓霜稠。十年山水梦，未全收。相期人在别峰头。闲鸥鹭，烟雨又扁舟。

得友人诗，思绪萦回。落笔写景色：寒云凝滞，疏钟徐歇，这黯淡幽婉的韵味便蕴含着倚楼怀远的情意。结句着重表达与友人逍遥山水忘却烦嚣的愿望，也显得疏淡有致。

满　江　红

大风泊黄巢矶下

激浪输风，偏绝分，乘风破浪。滩声战，冰霜竟冷，雷霆失壮。鹿角狼头休地险，龙蟠虎踞无天相。问何人唤汝作黄巢，真还谤？　　雨欲退，云不放。海欲进，江不让。早堆垝一笑，万机俱丧。老去已忘行止计，病来莫算安危帐。是铁衣著尽著僧衣，堪相傍。

此词气势逼人，就构思而言，由豪壮险峻的景色，想到曾把唐朝闹得天翻地覆的黄巢，再想到黄巢的诗、黄巢的遭遇，想象奇特，汪洋恣肆。“堆垝一笑，万机俱丧”，作者似已忘情尘世。但黄巢矶下奔腾汹涌的怒涛，才是他心境的真实写照。

风　流　子

上元风雨

东皇不解事，颠风雨，吹转海门潮。看烟火光微。心灰凤蜡，笙歌声咽，泪满鲛绡。吾无恙，一炉焚柏子，七碗覆松涛。明月寻人，已埋空谷，暗尘随马，更拆星桥。　　素馨田畔路，当年梦，应有金屋藏娇。不见漆灯续焰，蔗节生苗。尽翠绕珠围，寸阴难驻，钟鸣漏尽，抔土谁浇？问取门前流水，夜夜朝朝。

上元佳节在风雨中度过，是令人扫兴的事。此词除了写烟火光微，笙歌声咽外，更从素馨田想到南汉旧事，想到南汉的消亡，这很自然使人和南明的倾覆联系起来。整首词，显得婉转连绵，如泣如诉，读来顿生沧桑之感。

归 庄

归庄（1613—1673），一名祚明，字玄恭，号恒轩，又号归妹、普明头陀等，江苏昆山人。他是著名文学家归有光之曾孙，复社成员。明亡后，到处奔走，志图恢复。归庄善文辞，工书画，生性好奇，与同乡顾炎武齐名，世称“归奇顾怪”。他的《万古愁》一曲，瑰丽恣辉，雄盖一时。诗词亦擅胜场，王士祯评云：归玄恭“诗歌行草，无不遒丽卓绝，小词疏快，直逼六一原唱”（见《明词综》卷七）。著有《恒轩集》等。

锦 堂 春

燕子矶

半壁横江矗起，一舟载雨孤行。凭空怒浪兼天涌，不尽六朝声。　　隔岸荒云远断，绕矶小树微明。旧时燕子还飞否？今古不胜情。

此词雄兀疏快，兼而有之。“旧时燕子还飞否”一句，既与燕子矶相切，又与上片歇拍“不尽六朝声”关合。世事沧桑，诗人俯视燕子矶想起乌衣巷里旧时王谢的堂前燕子，不禁感慨系之。这种写法。把描写与使事结合在一起，一石二鸟，别饶意趣。

叶小鸾

叶小鸾（1616—1632），字琼章，一字瑶期，江苏吴江人。叶绍袁、沈宜修之季女。幼聪慧，曾得舅父母沈自征、张倩倩抚养。四岁能诵《楚辞》，十岁能韵语。及长，工诗善书画，与母亲沈宜修、姐姐纨纨、小纨常诗词唱和。十七岁许与昆山张立平为妻，出嫁前五日卒。有《疏香阁遗集》。

南　歌　子

秋　夜

门掩瑶琴静，窗消画卷闲。半庭香雾绕阑干，一带淡烟红树隔楼看。　云散青天瘦，风来翠袖寒。嫦娥眉又小檀弯，照得满阶花影只难攀。

写出少女秋夜淡淡的哀愁，舒徐绵缈，颇给人以美的享受。陈廷焯曾认为“云散五字新警”。确实，以“青天瘦”形容寒夜的澄澈，为前人所未道，但稍嫌尖巧，未及李清照“人比黄花瘦”的婉约自然，倒是“一带淡烟红树隔楼看”一句，写秋夜烟树掩映，意象迷潦萧瑟，颇能传达出少女惆怅的情愫。

浣 溪 沙

曲曲阑干绕树遮，半庭花影带帘斜。又看暝色入窗纱。　　楼外远山横宝髻，天边明月伴菱花。空教芳草怨年华。

此词写闺中人寂寞幽怨的心绪。她阑干倚遍，静对花影，百无聊赖。“又看”一语，把她天天独对黄昏的苦闷心境，表达得极其细腻。所以，陈维崧认为，叶氏兰女，俱有才调，“而丽琼章尤英彻，如玉山之映人，诗词绝有思致”。

郑如英

郑如英，一名妥，字无美，秦淮河畔歌伎，时称妥娘。生平未详。善诗词，有《寒玉斋集》《红豆词》，皆佚。

临　江　仙

芙蓉亭怀郑奇逢

夜半忽惊风雨骤，晓来寒透衾裯。萧条景色懒登楼。衡阳归雁杳，幽恨上眉头。　　台空院废人依旧，月沉云淡花羞。芙蓉寂寞小亭秋。黄花伤晚落，相对倍添愁。

此词首句从夜半风雨怀人写起，接着写黎明的孤独；下片写到第二天月沉云淡，晚对菊花，凄清寂寞。总之，夜里是思念，醒来是思念，想着念着，不觉又到黄昏。真可谓“一日思君十二时”。可见明末歌伎有深于情者。呼举有词《夜坐》，和郑妥娘的这一首，均是挚诚之作。

张倩倩

张倩倩（生卒年不详），江苏吴江人。与沈宜修为表姊妹，嫁与沈自徵为妻。

蝶　恋　花

丙寅寒夜与宛君话君庸作

漠漠轻阴笼竹院，细雨无情，洞湿桃花面。落叶西风吹不断，长沟流尽残红片。　　千遍相思才夜半，又听楼前，叫过伤心雁。不恨天涯人去远，三生缘薄吹箫伴。

此词上片寓情于景，轻阴笼院，细雨滴淅，西风落叶，沟水流花。景色的凄清，衬出心情的幽怨。下片直切题旨，“千遍相思才夜半，又听楼前，叫过伤心雁”，语极新极俊，活现出怀入者寒夜无聊、柔肠寸断的神态。

陆　钰

陆钰（生卒年不详），字真如，改名荩谊，字忠贞，晚年号退庵，浙江海盐人。万历四十六年（1618）举人。曾九次赴进士试，皆不第，乃闭门著书，不与他人来往。明亡，隐居小桃园。不久，绝食十二日而死。有《射山诗余》等。

曲　游　春

和查伊璜客珠江元韵

问牡丹开未？正乳燕身轻，雏莺声细。共听霓裳，看为云为雨，胡天胡帝。与君行乐处，经回首，依稀都记。携来丝竹东山，几度尊前杖底。　　鼙鼓东南动地。见下濑楼船，旌旗无际。未免关情，对楚岭春风，吴江秋水，暗洒英雄泪。更莫问，年来心事。又是午梦惊残，歌声乍起。

王维《杂诗》有句云："君自故乡来，应知故乡事。来日绮窗前，寒梅著花未？"此诗劈头句："问牡丹开未"，而情味则完全两样。牡丹花，花中之富贵者也，关情牡丹，可见作者心态。上片即写往日行乐情景，既一起听歌赏舞，又一起游山玩水。而极写往日的欢乐，便暗喻眼前处境的孤寂。下片意韵凄凉。结句说“歌声乍起”，与上片“共听霓裳”呼应。更有“江流曲似九回肠”之感。

柳如是

柳如是（1618—1664），名是，又名隐，自号河东君、我闻居士。本姓杨名爱，字影怜，小字蘼芜。吴江（一说嘉兴）人。初为当地名妓，色艺冠一时。工词翰，善书匭。年廿四嫁钱谦益为妻，相得甚欢。与陈子龙等交往颇密。明亡，劝钱谦益殉节，不从。后以复明无望，遁入空门。谦益死后月余，柳投缳自尽。著有《河东君诗文集》《戊寅草》《红豆村庄杂录》等。

梦江南（二十首选三）

人去也，人去鹭鸶洲。菡萏结为翡翠恨，柳丝飞上钿筝愁。罗幕早惊秋。

人去也，人去梦偏多。忆昔见时多不语，而今偷悔更生疏，梦里自欢娱。

人何在？人在枕函边。只有被头无限泪，一时偷拭又须牵。好否要他怜。

柳如是有《梦江南》二十首，多是怀念陈子龙之作。这里选取三首。清新俊逸，真挚缠绵，是这三首小令的共同特色。其中“忆昔见时多不语，而今偷悔更生疏”，“只有被头无限泪，一时偷拭又须牵”两联，更显得情长如缕，心细如发。语言不待修饰而自工稳。

王夫之

王夫之（1619—1692），字而农，号姜斋，湖南衡阳（今湖南衡阳）人。崇祯年间中举。清兵南下时，他举兵于衡山，阻击清军。并向南明王朝建议联合农民起义部队，挽救民族危机。南明覆灭后，他隐匿转移于湘西山区，最后归老于衡阳的石船山，学者称之为船山先生。

王夫之于穷乡僻壤中，刻苦读书，潜心研究，凡四十年，在哲学、史学、天文、历法、地理学、文学等方面均取得巨大成就，成为我国封建时代最杰出的启蒙思想家之一。刘献廷《广阳杂记》说“其学无所不窥，于六经皆有发明”。清末谭嗣同深受他的思想影响，认为“五百年来，其通天人之故者，船山一人而已”。

王夫之在政治上反对封建统治者的横征暴敛，主张以郡县制度代替统一的专制政体，主张一切从“仁”出发的人本主义思想。清兵的入侵，激发了他强烈的民族情绪，提出“严夏夷之大防”。在文学上，他提出创作应“即景会心”，主张要有真挚的感情，反对“齐梁绮语”，反对“泥古过高，而菲薄方今”。这些都是有进步意义的精辟的见解。

王夫之在临终前，自题遗像云：“把镜相看认不来，问人云此是姜斋。免于朽后随人卜，梦未圆时莫浪猜。谁笔仗，此形骸。闲愁输汝两眉开，铅华未落君还在，我自从天乞活埋。”墓碑则自题“明遗臣王夫之之墓”。其遗著被后人辑为《船山遗书》，附有诗词集《鼓棹初、二集》及《潇湘怨词》。

烛影摇红

瑞霭金台，琼枝光射龙楼雪，群仙笑指九阊开，朱凤翔丹穴。云暗雁风高揭，向海屋、重标珠阙。文鹓飞舞，日暖霜轻，小春佳节。　　迢递谁知，碧鸡影里催啼鴂。骖鸾不得玉京游，难挽瑶池辙。黄竹歌声悲咽，望翠葆、双鸳翼折。金茎露冷，几处啼乌，桥山夜月。

此词写宫阙从辉煌壮丽，中经云暗风高，忽又有所振作，最后走向零落的过程，寓意曲折周深，当与南明政治局面的变化有关。此词语言瑰丽而幽情婉曲，细腻地表现出遗民孤愤。

摸　鱼　儿

东洲桃浪

剪中流，白蘋芳草，燕尾江分南浦。盈盈待学春花靥，人面年年如故。留春住，笑几许，浮萍旧梦迷残絮。棠桡无数。尽泛月莲舒，留仙裙在，载取春归去。　　佳丽地，仙院迢迢烟雾。湿香飞上丹户。醮坛珠斗疏灯映，共作一天花雨。君莫诉。君不见、桃根已失江南渡。风狂雨妒，便万点落英，几湾流水，不是避秦路。

此词处处关合与桃有关的典故。作者眺望桃林，惆怅桃根已失，更是语带双关。联系南明破灭，根基不存的现实，当可理解此中寓意。结尾数句，由东洲桃浪引出桃花源，指出此地不可能避世，显得韵味深长。叶恭绰说："船山词言皆有物。"得之。

更漏子

本意

斜月横，疏星炯，不道秋宵真永。声缓缓，滴泠泠，双眸未易扃。　　霜叶坠，幽虫絮，薄酒何曾得醉。天下事，少年心，分明点点深。

诗词有因警语振起，而使全篇生色者。此词即是一例。更漏声声，淅淅泠泠，点点滴滴，和着"天下事""少年心"，敲打着心扉，便有千钧之重。"分明点点深"五字绝佳，把听更漏的心态，表现得细致深刻。作者崇高的思想境界，使此词具有很高的艺术魅力。

清平乐

咏雨

归禽响暝，隔断南枝径。不管垂杨珠泪迸，滴碎荷声千顷。　　随波赚杀鱼儿，浮萍乍满清池。谁信碧云深处，夕阳仍在天涯。

写雨景，不见得特别精警。可是结句"谁信碧云深处，夕阳仍在天涯”，却有特别含义。辛弃疾《摸鱼儿》有句云：“斜阳正在烟柳断肠处”，所指的当然不只是黄昏景色。所以宋孝宗看了很不愉快。（见罗大经《鹤林玉露》）明末，清兵南下，朱明流亡政权远走天涯，给遗民们留下一线光复祖业的希望。细酌“谁信”“仍在”两句，自可感受到作者感情的律动。

玉 楼 春

白 莲

娟娟片月涵秋影，低照银塘光不定。绿云冉冉粉初匀，玉露泠泠香自省。　　荻花风起秋波冷，独拥檀心窥晓镜。他时欲与问归魂，水碧天空秋夜永。

古人说莲花“出淤泥而不染”，此词咏白莲，以白强调莲的洁，又以“片月”“银塘”“荻花”“玉露”以及水的碧青，天的空灵衬托莲的白。至于莲的感情，则以“自省”“独拥”点明，强调其孤芳自赏，顾影自怜。咏物词多有寄托，在明末不少人望风迎降、同流合污的情况下，船山先生以白莲写照，格调高雅而韵致幽远，真堪击节赞赏。

蝶 恋 花

衰 柳

为问西风因底怨，百转千回，直要情丝断。叶叶飘零都不管，回塘早似天涯远。　　阵阵寒鸦影飞乱，总趁斜阳，谁肯还留恋。梦里鹅黄拖锦线，春光难借寒蝉唤。

此词凄婉蕴藉，句句写衰柳，句句关合现实。人们不难感受到衰柳正是南明王朝的象征。树倒猢狲散，柳树衰败，寒鸦飞走，“谁肯还留恋”，这也是明末政坛的景况。结句说梦里柳条回青，而实际上春光难以唤回，显得神情沉痛，怨楚入骨。

蝶　恋　花

岳峰远碧

自衡阳北三十里，至湘潭南六十里，岳峰浅碧，宛转入望

见说随帆瞻九面，碧藕花开，朵朵波心现。晓月渐飞金碧颤，晶光返照湘江练。　　谁遣迷云生绝巘？苍水仙踪，雾锁灵文篆。帝女修眉愁不展，深深未许人间见。

蝶　恋　花

君山浮黛

湘光极目，至君山始见一片青芙蓉浮玻璃影上。自此出洞庭与江水合。谢朓所云：“大江流日夜，客心悲未央”者，于焉是矣。湖南清绝，亦于此竟焉。

渺渺扁舟天一瞬，极目空清，只觉云根近。片影参差浮复隐，琉璃净挂青螺印。　　忆自嬴皇相借问，尧女含

鬉，兰佩悲荒磷。泪竹千竿垂紫晕，宾鸿不寄苍梧信。

以上两首《蝶恋花》均写山河景物。正如杜甫所说：“国破山河在，城春草木深。”在金瓯已破的情况下，再美的风景，在作者眼中，反更觉怆然感动。“习为哀响，不能伴和媚之音。”诗人可写的景物词贯串着一种凄清的美。

惜余春慢

本　意

似惜花娇，如怜柳懒，前月峭寒深护。从今追数，雨雨风风，总是被他轻误。便与挥手东风，闲愁抛向，绿阴深处。也应念，曲岸数枝杨柳，不禁飞絮。　争遣不烧烛留欢，暗邀花住？坐待啼莺催曙。怕燕子归来，定巢栖稳，不解商量细语。未拟攀留长久，乍雨乍晴，由来无据。待荷珠露满，梅丸黄熟，任伊归去。

全篇从“惜”字着眼。上片写春归，作者希望春对人间有所怜惜。下片则从几个角度写惜春的心情。“争遣”“怕”“未拟”“待”等虚词，把文心连为一体。蔡嵩云在《柯亭论词》中说，写慢词“如建大厦然，其中曲折层次甚多，入手先惨淡经营，方能从事土木，若枝枝节节为之，外观纵极堂皇，内容必破碎不成格局”。此词以“惜”字提挈全局，而腾挪变化，总不离此，故能前后贯串，脉络清晰

绮　罗　香

读《邵康节遗事》：属纩之际，闻户外人语。惊问：

“所语云何?”且云：我道复了幽州。声息如丝，俄顷逝矣。有感而作。

流水平桥，一声杜宇，早怕洛阳春暮。杨柳梧桐，旧梦了无寻处。拚午醉、日转花梢，甚夜阑，风吹芳树。到更残，月落西风，泠然蝴蝶忘归路。　关心一丝别挂，欲挽银河水，仙槎遥渡。万里闲愁，长怨迷离烟雾。任老眼，月窟寻幽，更无人，花前低诉。君知否，雁字云沉，难写伤心句。

邵雍临终之际，以为收复了幽州。然而这只是一个梦。作者有感于此，一缕辛酸，萦绕于心，发而为词，显得悱恻缠绵。上片“旧梦了无寻处”，下片“难写伤心句”，是题旨的概括。明末，山河破碎，恢复无望，因此，整首词怀恋、感叹之情，表现得特别浓烈。

青　玉　案

忆　旧

桃花春水湘江渡，纵一艇，迢迢去。落日赪光摇远浦。风中飞絮，云边归雁，尽指天涯路。　故人知我年华暮，唱彻灞陵回首句。花落风狂春不住。如今更老，佳期逾杳，谁倩啼鹃诉。

此词如行云流水，清逸自然。诗人当初在湘江，纵一艇飘然离去，颇有轻于别离的意味；等到年华渐老，相见无期，才懂得友人当年所珍重握别的情意。作者在苦恼中回想分手时情景，尤显得思忆之深。

卜 算 子

咏傀儡示从游诸子

也似带春愁，却倩何人说？更无半字与关心，吐出丁香舌。　　红烛影摇风，斜映朦胧月。铅华谁辨假和真，皮下无些血。

傀儡徒具人形，它乔装打扮，它无血性，其实不是真人。诗人写傀儡作出献媚逢迎的姿态，意在嘲弄那些奴颜婢膝的新贵。词作者向重蕴藉，此词倒吸取了俚曲的写法，灵动机巧，而又注意清雅之美，颇有新趣。

彭孙贻

彭孙贻（生卒年不详），字仲谋，一字羿仁，浙江宁海人。贡生，与同邑吴仲木创立瞻社，名重一方，时称“武原二仲”。明亡，其父殉国。彭孙贻悲痛得很，乃杜门不出，粗衣蔬食，耿介自守，终身不仕。死后，乡人私谥孝介先生。善书画，工诗词。有《茗斋集》《彭氏旧闻录》等。

西　　河

金陵怀古次美成韵

龙虎地，繁华六代犹记。红衣落尽，只洲前，一双鹭起。秦淮日夜向东流，澄江如练无际。　　白门外，枯栿倚，楼船朽橛难系。石头城坏，有燕子衔泥故垒。倡家犹唱后庭花，清商子夜流水。　　卖花声过春满市。闹红楼，烟月千里。春色岂关人世。野棠无主，流莺成对，衔入临春故宫里。

次韵之作，桎梏至多。而此词作者运斤成风，顾盼自如，洵是斫轮老手。全词以赋体铺排之法，寄黍离、麦秀之哀。在金陵败落衰竭的大局面描写中，作者着意穿插枯栿、野棠、流莺、燕子衔泥等细节，渲染出凄怨幽郁的情调，且遣词哀丽，使人倍增忉怛。

满 江 红

次史山和王昭仪韵

昭仪“嫦娥相顾肯从容，随圆缺”句，须于“相顾”处读断。原是决绝语，不是商量语，文山惜之，似误。然文山所和二结句，又高出昭仪上，读之悲感，敬步二阕。

曾侍昭阳，回眸处六宫无色。惊鼙鼓，渔阳尘起，琼花离阙。行在猿啼铃断续，深宫燕去风翻侧。只钱塘早晚两来潮，无休歇。　　天子气，宫云灭。天宝事，宫娥说。恨当时不饮，月氏王血。宁坠绿珠楼下井，休看青冢原头月。愿思归望帝早南还，刀环缺。

作者认为文天祥对王昭仪词的理解有偏颇之处，但他很佩服文天祥，佩服其《满江红》的结句。按文词结句云：“算妾身不愿似天家，金瓯缺。”表示坚贞不屈，态度明确果断。而彭孙贻则通过描写王昭仪的遭遇，借题发挥，抒发遗民之痛。由于彭父死于国难，故此词字里行间，处处流露出凄厉悲郁的情绪。

余　怀

余怀（1617—?），字澹心，一字无怀，号曼翁，又号曼持老人，福建莆田人。曾侨居江宁（今江苏南京），晚年隐居吴门。其词艳俊逸丽，为明末文坛称道。明清之交，经世乱，词风转为哀艳凄丽。近秦观、晏几道一路。《古今词话》载龚鼎孳所评："澹心余子，惊才绝艳，吐气若兰，而搦管题词，真搴淮海之旗，夺小山之纛。"有《板桥杂记》《味外轩文稿》《秋雪词》等。

浣　溪　沙

羌城感旧次韵

燕子衔春入画桡，蜀冈杨柳拂西桥。隋家宫殿已烟销。　　绿酒细斟人脉脉，红帘吹送影迢迢。莫愁双桨带江潮。

此词俊逸圆畅，"燕子衔春"四字尤为精警，它与"人脉脉"相应，复与宫殿烟销、人影迢迢反衬，于骀荡轻灵中透出相思之意。

念 奴 娇

和苏子瞻

狂奴故态，卧东山，白眼看他世上。老子一生贫彻骨，不学黔娄模样。醉倒金尊，笑呼银汉，自命风骚将。楼高百尺，峨嵋地作屏障。　　追想五十年前，文章意气，尽淋漓悲壮。一自金驼辞汉后，曾共楚囚相向。司马青衫，内家红袖，此地空惆怅。花奴打鼓，声声唤醒瑜亮。

沁 园 春

和刘后村

老去悲秋，菊蕊盈头，竹叶盈杯，正洞庭木落，宫莺乍别；楚天云净，旅雁初回。天许闲人，人寻韵事，高筑栽花十丈台。催租吏，纵咆哮如虎，如我何哉。　　东篱更葺茅斋。邺架上藏书万卷堆。叹年将半百，须髯如戟，运逢百六，心事成灰。莫话封侯，休言献策，只劝先生归去来。平生恨，恨相如太白，未是奇才。

余澹心作《感遇词》六首，有序云："白香山云：'四十九年身在日，一百五夜月明天。'苏子瞻云：'嗟我与君同丙子，四十九年穷不死。'余今年四十九，身既老矣，穷犹未死。追想生平，六朝如梦。每爱宋诸公词，倚而和之，聊进一杯。正山谷所云：坐来声歕霜竹也。"以上所选是其中二首。

风格均豪放慷慨。见出作者心情激荡，以歌当哭；纵笔横写，以抒郁闷。他在和词中感怀自己身世，掺合家国之哀，在狂放不羁中透露出孤愤。

沈 谦

沈谦（1620—1670），字去矜，号东江，仁和（今浙江杭州）人。诸生，笃学工诗文。崇祯末与丁澎等隐居临平东乡，称“西泠十子”。为诗初喜温、李，后乃循汉魏以窥盛唐，其意真而不滥，其声和而不流。有《东江集》。

东风无力

南楼春望

翠密红疏，节候乍过寒食。燕冲帘，莺睨树，东风无力。正斜阳楼上独凭阑，万里春愁直。　　情思恹恹，纵写遍新诗，难寄归鸿双翼。玉簪恩，金钿约，竟无消息。但蒙天卷地是扬花，不辨江南北。

上片写晚春景色，下片写怀人远望。末句说杨花飞起，蒙天卷地，遮断了视线。意境幽渺而独特，是词中佳语。

满 江 红

咏 柳

一剪莺梭，早织就，千丝万缕。最苦是，苏堤欲晓，灞桥将暮。媚眼未醒开又合，纤腰半倚扶难住。又沉沉搭在玉阑干，和烟雨。　　还记得，长亭路，曾折送，行人去。恁牵缠似我，别时情绪。帘黑梦回应有泪，楼高目断浑无语。隔青山不见紫骝归，蒙天絮。

此词前段重点写柳树之形，后段重点写柳树之神，并把柳树形神与作者自己的情绪融合，于是，柳树便给人以娇柔凄怨的形象。蒋敦复《芬陀利室词话》有这样的认识：凡词后段，须拓开说志，他认为“此可为咏物指南”。先赋物之形，而后段结合作者寄托，拓展开去，从神似方面下功夫。这样，所咏之物，便显得气韵灵动，隽永有味了。

张煌言

张煌言（1620—1664），字玄著，号苍水，浙江鄞县（今浙江宁波）人。明亡后于邑中起兵抗清，官至权兵部尚书。桂王永历十三年（1659）与郑成功合力北伐，围南京，兵败，退居于象山以南岛屿中，被捕不屈而死。存有《张苍水集》《奇零诗草》等。其词作多与抗清经历有联系，写得情绪激越昂扬，一扫末代文坛纤弱靡曼的风气。

满　江　红

怀岳忠武

屈指兴亡，恨南北黄图消歇。便几个孤忠大义，冰清玉烈。赵信城边羌笛雨，李陵台上胡笳月。惨模糊吹出玉关情，声凄切。　　汉宫露，梁园雪。双龙逝。一鸿灭。剩逋臣怒击，唾壶皆缺。豪杰气吞白凤髓，高怀眦饮黄羊血。试排云待把捧日心，诉金阙。

张煌言曾有诗云：“国亡家破欲何之，西子湖头有我师。日月双悬于氏墓，乾坤半壁岳家祠。”他把于谦、岳飞作为榜样。此词步岳飞《满江红》原韵，以《怀岳忠武》为题，明显地表明效法岳飞“精忠报国”的高尚品格。作者放笔直书，不计工拙，而胸中热血，喷薄而出。其真率悲愤激扬蹈厉之情，使人读来须眉皆张。其中“赵信城边羌笛雨，李陵台上胡笳月”两句，忽以失败者的怨楚沉痛作衬，不仅跌宕有致，而且倍增离黍之哀。

长相思

秋

秋山青，秋水明。午梦惊秋释未醒，乾坤一草亭。故国盟，故园情。夜阑斜月透疏棂，孤鸿三两声。

山青水明，月透窗棂，孤鸿数声，显得极宁静，极幽远，但词中用“惊秋”和“故国”等语，便透露出极不宁静的心绪。“乾坤一草亭”是神来之笔，究竟是说乾坤之大，只一草亭可以容膝，还是说浩荡乾坤，尽入草亭之中；抑或说莽莽乾坤，等于一潦倒之草亭耳！总之，各层含义，读者均可根据自己的理解，感悟悲秋的意境。

夏完淳

夏完淳（1631—1647），原名复，字存古，别号灵胥，华亭（今上海松江）人。其父夏允彝，其师陈子龙，均是文名卓著、讲求气节的民族英雄。夏完淳十五岁时，便随父起兵抗清，企图恢复南京。兵败，夏允彝投水自杀。夏完淳又和陈子龙联合起兵，不料事败，陈子龙被捕后也投水自杀。夏完淳隐匿了一段时期，被清廷捕获，解上南京。大汉奸洪承畴想软化他，夏坚贞不从，还把洪奚落一番。便从容就义。死时年仅十七岁。夏完淳天分极高，五岁知经，七岁能文，十二岁时已“博览群书，为文千言立就，如风发泉涌；谈军国事，凿凿奇中。”（王弘《夏孝子传》，见《砥斋集》）陈继儒的《夏童子谈》也称许他“包身胆，过眼眉，谈精义，五岁儿”，又说“矢口发，下笔灵，小叩应，大叩鸣。”明亡以前，他的作品受拟古风气的影响，文字不免古奥。但常征逐于歌舞场中，写出了《青楼篇》《杨柳怨》诸作，表现出真率的性情和浪漫的气息，为迂腐糟学者所不能道。明亡以后，经受战斗的生活锻炼，诗风尽变，形成了悲郁而清新的独特风格。

夏完淳的著作有《玉樊堂词》。据《柳塘词话》云：“夏存古《玉樊堂词》，向得之曹顾庵五集中，见其词致慷慨淋漓，不须易水悲歌；一时凄感，闻者不能无怀。留此数阕，以当《东京梦华录》也。”可觅，抒发“公私倾覆，天地崩离”

之痛，是他词作的主要内容。所以尽管作品现存不多，但其思想性艺术性都达到一定的高度，在明末词坛占有重要的位置。

卜 算 子

秋色到空闺，夜扫梧桐叶。谁料同心结不成，翻就相思结。　　十二玉阑干，风动灯明灭。立尽黄昏泪几行，一片鸦啼月。

这词或题作《断肠》，正好点明它描写的是闺中人思念意中人的情怀。她独守空闺，柔肠寸断。风扫疏桐，秋灯明灭。黄昏静寂，月冷鸦啼。使他能发无言之恸。整首词，显得悲凉而缠绵。从夏完淳的经历看，词中所写的闺中人，其实是他自己心怀的化身，而所思念的意中人，也是故国或者是理想的寄托。王士祯评此词云："寓意即工。"便是提醒读者注意其中深刻的寓意。

一 剪 梅

柳

无限伤心夕照中，故国凄凉，剩粉余红。金沟御水日西东。昨岁陈宫，今岁隋宫。　　往事思量一饷空，飞絮无情，依旧烟笼。长条短叶翠蒙蒙。才过西风，又过东风。

夕照中的柳树，看尽古今兴废，它是历史的见证。它似有情，又似无情。岁月如流，柳条又发新绿，一任东风西风吹过来，吹过去，近乎麻木。这词语言清新而寓意深沉，反映了作者的心境。

烛影摇红

辜负天工，九重自有春如海。佳期一梦断人肠，静倚银釭待。隔浦红兰堪采，上扁舟，伤欸乃。梨花带雨，柳絮迎风，一番愁债。　　回首当年，绮楼画阁生光彩。朝弹瑶瑟夜银筝。歌舞人潇洒。一自市朝更改，暗销魂，繁华难再。金钗十二，珠履三千，凄凉万载。

从“一自市朝更改”句中，可见此词是南京城破，南明灭亡后之作。首句提出“九重自有春如海”，与杜甫名句“国破山河在，城春草木深，”同一意韵。上片写断肠人在春景中的愁绪，酿造出浓厚的感伤气氛。下片直书回首当年繁华旧事，笔笔蘸着血泪，毫不掩抑。末句以“凄凉千载”作结，一锤敲定，声如裂石，分外能表现出诗人对国家倾覆之哀痛。

婆罗门引

春尽夜

晚鸦飞去，一枝花影送黄昏。春归不阻重门。辞却江南三月，何处梦堪温。更阶前新绿，空锁芳尘。　　随风摇曳云，不须兰棹朱轮。只有梧桐枝上，留得三分。多情皓魄，怕明宵还照旧钗痕。登楼望，柳外销魂。

此词写春光已逝，好景难再。笔势摇曳，音韵悠长，把伤心人触目凄凉满腔郁闷的情怀，婉曲地表现出来。

两 同 心

有 梦

梦到扬州，依然南浦。绮罗如梦锦如尘，香车宝马知何处。翠烟笼，十里隋堤，茫茫飞絮。　　举目魂消肠断，春光如许。琼花消息竟飘零，荒台古苑春无主。想莺花，十二楼前，迷离烟雨。

唐代诗人杜牧，曾有“十年一觉扬州梦，赢得青楼薄幸名”之句。这词也写扬州梦，但梦中可见的扬州，历经丧乱，一片凄凉，过去的繁华，如尘如梦。词中翠柳笼烟、茫茫飞絮、迷离烟雨等形象，营造出迷惘蒙蒙的氛围，恰切表现出梦的意韵。

寻 芳 草

别 恨

几阵杜鹃啼，却在那，杏花深处。小禽儿，唤得人归去，唤不得愁归去。　　离别又春深，最恨也，多情飞絮。恨柳丝，系得离愁住，系不得离人住。

以杜鹃、杨柳写别恨，是诗词写作惯用的手法。此词不同凡响之处，在于把杜鹃和杨柳的含义翻进一层。上下片结句，说杜鹃唤得人去，愁却留了下来；柳丝系不住离人，却系住了愁。意象前后照映，音节回环流转，尽得骀荡婉曲之妙。

沈　泓

沈泓（生卒年不详），字临秋，号悔庵，浙江嘉善人。崇祯十六年（1643）进士，官刑部主事。明亡自缢，获救不死。但自觉君亲两负，遂削发为僧，名弘坚，号无寐，曾住会稽东山国庆寺，后归寓城南之梅溪。坐卧于一庵之中。性至孝，善诗文，有《东山遗草》《怀谢轩诗文集》等。

江　城　子
村　居

长堤细柳隐虹桥，弄笙箫，伴渔樵。醉倚枫林，仰面挂诗飘。释卷正逢秋水涨，临古渡，放轻舠。　　夕阳西下暗窗绡，雁声高，笛声遥。碧簟凉生，细雨燕辞巢。隔岸篝灯孤艇泊，沽浊酒，短扉敲。

上片写村居之昼，下片写村居之夜。诗人闲居村里，有渔樵可伴，有诗书可读；有秋水可渡，有秋景可赏；复有笙箫可弄，有村醪可沽。真可谓超然物外，恬然自适。此词情趣清逸，当作于“天崩地解”之前，否则，他的心境不会如此轻松。

屈大均

屈大均（1630—1696），初名绍隆，字翁山，又字介子，自号入泉翁，广东番禺人。明末诸生。屈大均在十八岁时，即参加陈子壮、张家玉等人发动的反清斗争，并准备接受南明永历帝的委任。后清兵陷广州，他为了逃避压迫，遂入海云寺为僧，法名今种，字一灵。到三十二岁时，又蓄发还俗，改今名。他不避艰险，远走各地，联络有志之士，密谋恢复，但都没有结果。

屈大均是一个具有民族气节的儒生，侠、道思想对他也都有影响。他写过大量作品，抗议民族压迫，同情人民疾苦，语触忌讳，多遭禁毁。当他极端不满现实的情绪需要宣泄时，在行为上表现为桀骜不驯。例如“盛暑着羊皮袄，狂怪不可近”。而在创作上，则多以浪漫主义方法，以奇雄的意象表现对理想的追求，真是“颠倒日月，鼓舞风雷，奔五岳而走四渎，使天下万句皆听命于吾笔端”。(《六莹堂诗集序》)

屈大均与钱谦益、朱彝尊、王士祯等人有诗文唱和。又与广东陈恭尹、梁佩兰齐名，人称“岭南三大家”。有《九歌草堂集》《广东新语》《骚屑》等行世。朱祖谋题其词集云：“湘真老，断代殿朱明。不信明珠生海峤，江南哀怨总难平，愁绝庾兰成。”(《疆村语业》卷三)。这是很恰切的评价。

紫萸香慢

送　雁

恨沙蓬，偏随人转，更怜雾柳难青。问征鸿南向，几时暖返龙庭。正有无边烟雪，与鲜飚千里，送度长城。向并门少待，自首牧羝人，正海上，手携李卿。　　秋声，宿定还惊。愁里月，不分明。又哀笳四起，衣砧断续，终夜伤情。跨羊小儿争射，恁能到，白蘋汀。尽长天遍排人字，逆风飞去，毛羽随处飘零，书寄未成。

叶恭绰评此词云：“声情激楚，喷薄而出。”很准确地掌握了作者的思想感情。特别要指出的是：历来咏雁者不少，但此词引入“龙庭”“牧羝人”“跨羊小儿”以及苏武李陵的故实，使雁一下子与边塞烽烟、民族冲突联系起来，这一点，则是其他咏雁的作品所少有的。

长　亭　怨

与李天生冬夜稽碓门关作

记烧烛、雁门高处。积雪封城，冻云迷路。添尽香煤，紫貂相拥、夜深语。苦寒如许，难和尔、凄凉句。一片望乡愁，饮不醉，垆头驼乳。　　无处，问长城旧主，但见武灵遗墓。沙飞似箭，乱穿向，草中狐兔。那能使、口北关南、更重作，并州门户。且莫吊沙场，收拾秦弓归去。

写积雪、冻云，添香煤、拥貂裘，均侧面表现寒夜的苦寒。而写雁门关的苦寒，实即表现政治环境的严酷。尽力写现实苦寒，则为抒发不屈服、不妥协的爱国情绪预留地步。下片隐约透露志图恢复有所作为的决心，显得雄肆凌厉。叶恭绰在《广箧中词》评云：“纵横排荡，稼轩神髓。”确实，此词在风格上与辛弃疾相近。

梦江南（四首选二）

悲落叶，叶落落当春。岁岁叶飞还有叶，年年人去更无人。红带泪痕新。

悲落叶，叶落绝归期。纵使归来花满树，新枝不是旧时枝。且逐水流迟。

屈大均《梦江南》小令一组共四首，这里选其二首。“岁岁叶飞还有叶，年年人去更无人”及“纵使归来花满树，新枝不是旧时枝”等句，切合落叶，而蕴含甚深，细细咀嚼，可以体验作者带着伤感之情，概括人生的哲理，就像刘希夷“年年岁岁花相似，年年岁岁人不同”（《代悲白头翁》），及张若虚“人生代代无穷已，江月年年只相似”等诗句那样，具有深刻的意蕴。由于作者把感伤情绪引入深层，倍能引人思考，读来一字一泪。结句“且逐水流迟”一语，又写得婉曲凄怨。故况周颐说此词“含有无限凄惋，令人不忍寻味，却又不已于寻味。”

浣　溪　沙

一片花含一片愁，愁随江水不东流。飞飞长傍景阳楼。　　六代只余芳草在，三园空有乳莺留。白门容易白人头。

浣　溪　沙

杜　鹃

血洒青山尽作花，花残人影未还家。声声只是为天涯。　　有恨朱楼当凤阙，无穷青冢在龙沙。催还不得恨琵琶。

两首浣溪沙，均与明末政局有密切联系，“六代只余芳草在”，“无穷青冢在龙沙”，均与兴亡、战乱有关。前一首写得委婉，后一首显得凄厉，特别首句“血洒青山尽作花”，孤愤莫名的感情喷薄而出，石破天惊，使人震慑。

虞　美　人

无风亦向朱栏舞，情为君王苦。乌江不渡为红颜，忍使香魂无主独东还。　　春含古血看犹暖，巧作红深浅。花前休唱楚人歌，恐惹英雄又唤奈虞何。

在历史上，项羽是失败者，但是随着时代的发展，人们越来越懂得不应以成败论英雄了。杜牧还说：“江东子弟多才俊，卷土重来未可知。”（《题乌江亭》）真能振聋发聩。屈大均此词，既写虞姬对项羽的息心，又写项羽对虞姬的挚爱，甚至作出“乌江不渡为红颜”的翻案文章。这无非是为了表现对末路英雄以及对乱世死于忠义者的极度同情。联系到明末清兵长驱而下，南明王朝风雨飘摇，忠臣义士一路惨败、无力回天的情况，读者当可理解作者摭拾这一题材以及提出“花前休唱楚人歌”的含义。下片换头“春含古血”两句，哀感而顽艳，尖新而深刻，读时不可轻轻放过。

潇湘神（三首）

零陵作

潇水流，湘水流，三闾愁接二妃愁。潇碧湘蓝虽两色，鸳鸯总作一天秋。

潇水长，湘水长，三湘最苦是潇湘。无限泪痕斑竹上，幽兰更作二妃香。

潇水深，湘水深，双双流水逐臣心。潇水不如湘水好，将愁送去洞庭阴。

三首【潇湘神】，第一首合写屈原、二妃；第二、三首，则分写。屈原及娥皇、女英，都是悲剧人物，都是对故君一片忠心、天日可表的人物。作者在明王朝天崩地解之际，反复歌颂那些身世可悲的忠良人物，无非是曲折透露自己的不幸身世以及哀伤的情怀。